RETÓRICA, HISTORIA Y POLÉMICA

*Bartolomé de las Casas
y la tradición intelectual renacentista*

Santa Arias

University Press of America,® Inc.
Lanham • New York • Oxford

∞™ The paper used in this publication meets the minimum
requirements of American National Standard for Information
Sciences—Permanence of Paper for Printed Library Materials,
ANSI Z39.48—1984

TABLA DE CONTENIDO

ILUSTRACIONES

Fig. 1 Bartolomé de las Casas,
Grabado de los hermanos López Enguidanos (1791)
Biblioteca Nacional de España

Fig. 2 Frontispicio, *Narratio regionum indicarum per Hispanos quosdam deuastatarum verissima*
Theodore De Bry (1598)
Benson Library, University of Texas-Austin

Fig. 3 Cristóbal Colón en su llegada a las Indias en *La América*
Theodore De Bry (1594)
Strozier Library Special Collections, Florida State University

Fig. 4 Esquema de las tres edades
Il Libro delle Figure, Joaquín de Fiore

Fig. 5 El español ante los indios en *Narratio regionum indicarum per Hispanos quosdam deuastatarum verissima*
Theodore De Bry (1598)
Benson Library, University of Texas-Austin

Fig. 6 Bartolomé de las Casas,
Mural de Constantino Brumidi,
Capitolio, Washington D.C. (1877)

RECONOCIMIENTOS

Mi interés en la cultura política religiosa se afirmó en el seminario patrocinado por el National Endowment for the Humanities "Sixteenth Century Religious Reform and Societal Change", dirigido por Hans Hillerbrand en la Universidad de Duke (1995). Durante el seminario tuve la oportunidad de estudiar la Reforma y la Contrarreforma europea y sus repercusiones en la producción cultural en la América colonial. En los últimos tres años que he trabajado en este proyecto, el Colegio de Artes y Ciencias de Florida State University ha patrocinado anualmente mis esfuerzos investigativos al facilitar mis viajes a la Biblioteca Nacional de España, la Biblioteca John Carter Brown y la Biblioteca del Congreso.

Versiones tempranas de los capítulos V y VI han aparecido *Texto crítico* y en el ensayo "Empowerment in the Writing of History: Bartolomé de las Casas Representation of the Other(s)" publicado en la colección *First Images of the Americas: Transfer and Invention* (1993), edición de Jerry M. Williams y Robert E. Lewis.

Mis estudios sobre la figura de Bartolomé de las Casas y la historiografía colonial comenzaron durante mis estudios de doctorado en la Universidad de Wisconsin-Madison hace más de una década. A Margarita Zamora le debo que me haya ayudado a encontrar mi lugar dentro del campo de los estudios literarios. A lo largo de esta investigación, desviada en tantas ocasiones, he contado siempre con el estímulo y el apoyo intelectual y moral de Jerry M. Williams, Álvaro Félix Bolaños y Julie Johnson, colegas hispanistas a quienes admiro profundamente. En especial quiero agradecer a Mariselle Meléndez y Rocío Cortés por la amistad de tantos años y el estímulo personal e intelectual que siempre me han brindado.

Estoy endeudada con mis colegas y los estudiantes graduados del Departamento de Lenguas Modernas y Lingüística de Florida State University por el aprecio, el apoyo y el entretenimiento ocasional. Asimismo, estoy agradecida con Mark Pietralunga a quien le debo tantos consejos y atenciones.

No puedo dejar de mencionar a Robinson Herrera, con quien comparto el interés por el periodo colonial y a mi nuevo cómplice latinoamericanista en Florida State, Matthew Childs, quien me fotografió todas las ilustraciones de la *Brevísima* latina que posee la Biblioteca Benson de la Universidad de Texas en Austin. No existen palabras para agradecerle a Susan Vellón Benítez la lectura del manuscrito; Amrita Das, por su asistencia con el índice; y, finalmente, a Peter D. Smith por toda su ayuda durante la fase final de preparación del manuscrito.

Este estudio queda dedicado a mi familia de la Isla y de Nueva York, a Mandy Colón y Valentín Arias por el amor incondicional que siempre me han brindado y a Rosa M. Cabrera por el cariño y estímulo académico de mis años de estudiante en New Paltz, NY.

Santa Arias
Tallahassee, Julio 2001

Fig. 1 Bartolomé de las Casas,
Grabado de los hermanos López Enguidanos
Biblioteca Nacional de España

CAPÍTULO I

Introducción: Escritura y trascendencia de los textos lascasianos

> Y dicen que era hermoso verlo escribir, con su túnica blanca, sentado en su sillón de tachuelas, peleando con la pluma de ave porque no escribía de prisa. Y otras veces se levantaba del sillón, como si le quemase; se apretaba las sienes con las dos manos, andaba a pasos grandes por la celda, y parecía como si tuviera un gran dolor.
>
> –José Martí, "El padre Las Casas"

No es una coincidencia que José Martí haya imaginado la ansiedad del acto escritural de Bartolomé de las Casas; o que en el conocido grabado dieciochesco de los hermanos López Enguidanos se represente al fraile dominico mientras escribe en su biblioteca.[1] Bartolomé de las Casas, quien ha sido llamado "padre y doctor de la americanidad" y "apóstol de los indios", pasó más de cincuenta años gestionando una nueva política trasatlántica como sujeto de acción y palabra que promovía un humanismo basado en la libertad, la igualdad y el derecho a la autodeterminación.[2] Su trascendencia en la cultura política e intelectual del hemisferio americano descansa en el cuerpo documental que ha legado, en el cual se inscribe la experiencia personal y colectiva, se cruzan fronteras geoculturales y se defienden los principios que guiaron su denuncia de la condición colonial de los nuevos territorios españoles.[3]

Dentro del campo de la filosofía de la historia, en las últimas décadas, algunos intelectuales han propuesto polémicamente que la narrativa histórica es un acto de interpretación y una entidad lingüística con propiedades formales que trascienden el nivel descriptivo, en otras palabras, la historia es una metáfora extendida (Lorenz 310). Hayden White, quien ha sido la figura más polémica de este "regreso a la metáfora" ha señalado que la retórica es la fuente fundamental que nutre la labor historiográfica de interpretación de los eventos: "the rhetoric of a historical work is, in my view, the principal source of its *appeal* to those of its readers who accept it as a "realistic" or "objective" account of "what really happened" in the past ("Rhetoric and History" 3).

En cuanto al lugar privilegiado que ocupan los lectores de una historia, J.G.A. Pocock recalca que el discurso historiográfico tiene que leerse como eventos del devenir histórico en sí (21). Al igual que una obra de teatro que se vuelve a representar y a reinterpretar una y otra vez, cada vez que leemos y comentamos un texto "desempacamos" significados marcados por el *locus* de enunciación u horizonte cultural del receptor.[4] Implícitamente, la historiografía tiene que entenderse como la historia de algo que no ha terminado: "that the story is not finished, can never be finished [. . .]. The written history is not just about time [. . .] it embeds time in its narrative structure" (Steedman 48). Hay comprender que la agencia es la base que transforma el sujeto político perteneciente a ese objeto cultural conocido como el discurso de la historia. Esta perspectiva del análisis crítico que descansa en la capacidad interpretativa de los receptores y en la dimensión temporal ofrece sus lecciones cuando consideramos conceptos fundamentales como la agencia y la ideología (o "la violencia simbólica") inscrita en los discursos coloniales.[5]

No hay por qué justificar la lectura crítica del discurso político de Bartolomé de las Casas a la luz de una genealogía intelectual, o lo que ha llamado Foucault "el campo de respuestas, reacciones, resultados y posibles invenciones" de un discurso (Dreyfus 220). Desde el siglo XVI, la huella indigenista y anticolonial de Las Casas se dejó sentir en un copioso número de relaciones, entre las menos conocidas, las relaciones de fray Francisco de Carvajal, *Los males e injusticias, crueldades y robos y discusiones que hay en Nueva Granada* (1560); Pedro de Quiroga, *Los coloquios de la verdad* (1563); Luis Sánchez, *Memorial sobre la despoblación y destrucción de las Indias* (1566); y Jerónimo Román, *Repúblicas del mundo* (1575). Y en el siglo XVII, no podemos ignorar las referencias centrales y marginales a Las Casas o la influencia obvia que ha tenido en cronistas mestizos, religiosos o criollos como Antonio de la Calancha, el Inca Garcilaso de la Vega o Guamán Poma de Ayala. Claro que los estudios de la intertextualidad nos resulta interesante y ciertamente apropiado para futuros estudios sobre la compleja influencia del dominico en la historiografía colonial. Sin embargo, encuentro más significativo cómo Las Casas nutre todavía los discursos filosóficos y teológicos de latinoamericanos como Enrique Dussel y Gustavo Gutiérrez, intelectuales que fundan un pensamiento disidente del imaginario nacional y postcolonial que comenzó a postularse en los discursos de líderes de la independencia como Simón Bolívar, fray Servando Teresa de Mier y José Martí, quienes evidenciaron claramente la importancia del pensamiento y la agencia del dominico en el terreno de la política, la religión y la identidad de América Latina.

La amplia circulación y recepción de la *Historia de las Indias*, de los tratados y de los memoriales que ha legado Las Casas, ha influido enormemente en el desarrollo de "la filosofía de la liberación" desde la época colonial hasta la actualidad.[6] José Antonio Saco, figura fundacional de la historia decimonónica caribeña, caracterizaba la *Historia* como "una biblioteca de los extraordinarios acontecimientos y las grandes verdades históricas y morales" (citado en Hanke, "La fama de Bartolomé de las Casas" 6). Él fue responsable de que finalmente se publicara después de acusar a la Real Academia de la Historia en 1865 de no haberla publicado por razones políticas "que ningún español podía consentir" (5).

Antes de las intervenciones de Saco, en 1821, la Real Academia de la Historia rehusó publicar la *Historia* por razones obvias, dado el tenso clima político y el resentimiento contra las colonias recién independizadas y todavía en guerra contra la monarquía española: "porque, contradiciendo siempre el derecho de los españoles a la conquista y acriminando perpetuamente su conducta, pareció que en circunstancias presentes, ni sería conveniente ni oportuna su publicación, ni decoroso a la nación autorizarla" (Fernández Navarrete citado en Hanke, "La fama de Bartolomé de las Casas" 5). Mientras tanto, en ese mismo año, a ambos lados del Atlántico (Londres, París, Bogotá, México, Puebla y Filadelfia), aparecían nuevas ediciones de la *Brevísima relación de la destrucción de las Indias* en un intento de recuperar la voz de aquél que había hecho la denuncia más severa de las prácticas coloniales en el espacio americano.

Simón Bolívar en la *Carta de Jamaica* describió a Las Casas como "aquel amigo de la humanidad que con tanto fervor y firmeza denunció ante su gobierno y contemporáneos los actos más horrorosos de un frenesí sanguinario" (87). Seis años después, en la edición de la *Brevísima* de Filadelfia, fray Servando Teresa de Mier destaca que los españoles, después de once años de guerra a muerte en las tierras americanas, hacían creíbles las descripciones de Las Casas sobre "las atrocidades de los conquistadores":

[. . .] que se enmienden; porque no hay solo un Dios en los cielos para juzgarlos, sino que tampoco faltarán ahora nuevos Casas, que revelen sus crímenes, y los entreguen de nuevo á la execración del Universo. Quizá ha llegado ya el cumplimiento de la profecía de Casas sobre el término de su imperio en las Indias [. . .]. Americanos! La estatua de este santo falta entre nosotros. Si sois libres, como ya no lo dudo, la primera estatua debe de erigirse al primero y mas antiguo defensor de la libertad de América. Alrededor de ella formad vuestros pactos y entonad á la libertad vuestros cánticos; ningún incienso puede serle más grato. (6-7)

Los planteamientos de fray Servando y Bolívar ofrecen otra perspectiva que no se puede comparar a las intenciones de los europeos que tradujeron y circularon los textos de Las Casas durante los siglos XVI y XVII para promover la popularizada y, ciertamente, controversial leyenda negra.[7] Al reinventar los principios de virtud y civismo y ofrecer la más violenta descripción de la guerra en el Nuevo Mundo, Bartolomé de las Casas se convirtió en el héroe de los líderes de la independencia y en una de las figuras más polémicas de la historia intelectual trasatlántica. Estos pensadores decimonónicos reclamaban el discurso anticolonialista del dominico que ofrecía el contexto histórico y filosófico que justificaba los movimientos autonomistas; además, veían que la agitada vida del dominico era uno de los modelos de acción más dignos a seguir.

Las posturas edificantes de Las Casas han continuado circulando, principalmente, entre los líderes del movimiento de la teología de la liberación, más en países como Perú, México, Argentina y Brazil. Enrique Dussel reitera el argumento de fray Servando para describir la vigencia de lo que él llama "la obra profético-apocalíptica de Las Casas" ("Núcleo simbólico" 14). Lo que define Dussel como el núcleo simbólico lascasinano se resume en los planteamientos: "respeto y positiva afirmación del Otro; cara-a-cara ante el Otro; [en contra de la] alienación y violación del Otro en un sistema donde se lo reduce a ser un mero objeto de uso, <encomendado>; crítica a la totalidad del sistema y en especial al dominador (la burocracia hispánica en Indias, la oligarquía criolla, etc.); descubrimiento de la praxis opresora como robo, injusticia" ("Núcleo simbólico" 14). El pensamiento de Las Casas le ha servido a Dussel para articular la perspectiva teórica que presenta en la *Introducción a la filosofía de la liberación* donde apela a una sola fuente de verdad y divide el mundo en dos polos opuestos, lo bueno (la alteridad) y lo malo (la totalidad). Está claro que para Dussel la alteridad es un concepto que apunta a otro nuevo absoluto constituido por los pueblos oprimidos y las comunidades marginadas.

La dimensión profética de Las Casas tiene, además, otro significado para este intelectual argentino. Él plantea que la *Apologética historia sumaria* y la *Historia de las Indias* son textos proféticos, no como anuncios del futuro, sino como "interpretación del sentido profundo del presente" (14). La inmediatez de la retórica colonial de Las Casas que articula Dussel anticipa las perspectivas de los especialistas del periodo colonial que, a partir de los años ochenta y desde el centro mismo de las instituciones académicas, promueven una lectura crítica de los discursos coloniales para entender cómo este horizonte político influye nuestra práctica cultural e intelectual.

El sentido del potencial transformador que permea en los textos de Las Casas no puede estar más evidente que en el texto fundacional de Gustavo Gutiérrez, *Teología de la liberación* (1971). Al proponer un proyecto hacia "una nueva sociedad", Gutiérrez utilizó el esquema escatológico lascasiano que enfoca la acción urgente para reconstruir el amenazado "reino de Dios". Mark Engler ha señalado, recientemente, que el lenguaje de la construcción de "una nueva humanidad" o "una nueva sociedad" refleja una instancia histórica de la que parten los textos de liberación tempranos que evidencian la emergencia de una izquierda política latinoamericana marcada por la revolución cubana y la elección de Salvador Allende en Chile (341). En 1993 Gutiérrez publicó su primer estudio completo sobre Bartolomé de Las Casas, *En busca de los pobres de Cristo*. Aquí es donde Gutiérrez justifica teóricamente por qué Las Casas está en el centro de la tradición de la teología de la liberación. Para el crítico literario que lee el texto, es sorprendente la aproximación del "close reading", intuitivamente nuevo historicista, de los textos lascasianos como contrapunto de las discusiones sobre los conflictos de clase, raza y poder que han definido la historia de los pueblos latinoamericanos. Gutiérrez responde a los estudios lascasianos que sostienen la falta de profundidad teórica del dominico, crítica que no está solamente dirigida a los conocidos detractores de Las Casas, sino también a conocidos lascasistas que se han ocupado de estudiar solamente "las andanzas, polémicas y proyectos" del fraile, sin considerar su dimensión intelectual (*En busca de los pobres de Cristo* 23).[8]

Mi estudio parte de los importantes planteamientos de Gustavo Gutiérrez y Enrique Dussel para tratar la dimensión textual, cultural e ideológica y la forma en que contribuye Las Casas, intelectualmente, a la fundación de los principios de igualdad y derechos humanos. El cuerpo documental de Bartolomé de las Casas se tiene que leer e interpretar como "contramemoria" y eventos que manifiestan la violencia simbólica del humanismo y el escolasticismo del siglo XVI, ideología que también abraza la sombra contrarreformista que germina durante el periodo más prolífico de Las Casas entre el primer y el segundo congreso de Trento. Mi proyecto crítico tiene una agenda central fuertemente influida por mi propia experiencia y mi formación académica como hispanista en los Estados Unidos. Por esto, como académica me interesa explorar, primero, cómo la producción cultural de las colonias nos puede ayudar a comprender los múltiples cruzamientos de fronteras que han contribuido a las formaciones culturales, tanto en América Latina como en los enclaves urbanos de los latinos en los Estados Unidos.[9] En cuanto a este proyecto, para tratar los textos lascasianos, me centro en cómo la pluralidad discursiva y las negociaciones culturales que subyacen en unos textos construidos con propósitos políticos claros que, aunque caen dentro de la categoría de "la contramemoria", operan con las mismas "armas" y el lenguaje simbólico del "evento" colonial.[10] Aquí retomo principios básicos de la teoría retórica tradicional para tratar los procesos discursivos de "recoger" lugares comunes y armar un discurso político y cultural sobre los derechos amerindios y la acción social. Estoy consciente de que entro en una operación crítica "contra la corriente" al enfocar la textualidad y la dimensión estética del discurso político de Las Casas. No obstante, no creo que doy un paso atrás, sino un paso necesario para ubicar al historiador más polémico de la política transatlántica en un horizonte cultural que enmarca las raíces más profundas de su pensamiento filosófico.

En cuanto a las operaciones retóricas en el discurso historiográfico, me acojo a los estudios de Dominick LaCapra y Hayden White, quienes han reconceptualizado la práctica y la teoría retórica para relacionarla con los problemas de la narración en la inscripción de lo real. Estas reflexiones han contribuido a la inclusión de la retórica en la agenda crítica de los estudios culturales. Sigo las propuestas del controversial Paul de Man cuando explica que la retórica no es sólo el estudio de los tropos o las figuras del lenguaje, pero también un proceso que suspende la lógica interna del discurso para ubicarlo dentro de un marco narrativo más amplio que incluye la historia literaria y el pensamiento filosófico. La "gramatización retórica" de Paul de Man implica la situación independiente y subjetiva del tropo, mientras que los procesos críticos demuestran su posición sintagmática dentro del esquema narrativo de los determinantes históricos y culturales (*Blindness and Insight* 16). Si bien estas reflexiones se atienen, específicamente, a textos literarios modernos son válidas en la lectura e interpretación de tratados, historias, etnografías o testimonios de la época colonial.

Por otro lado, los ensayos de Dominick LaCapra y Hayden White han sido fundamentales en la lectura crítica de la historia como una construcción textual e ideológica.[11] LaCapra articula la necesidad de una definición para la retórica pensando en la práctica historiográfica. Él ha señalado que existe una necesidad de "a more interactive model of discourse that allows for the mutual –at times the mutually challenging– interchange of 'documentary' and rhetorical dimensions of language" (*History and Criticism* 21). Bien sabemos que el intercambio de lo retórico con lo documental comprende el conocimiento antropológico, religioso y político que está codificado en el horizonte cultural del sujeto emisor que interpela al destinatario.

Hayden White, quien arguye sobre la semejanza entre la actividad del historiador y el novelista con los arquetipos de representación de Northrop Frye y los cuatro tropos magistrales e indispensables de Kenneth Burke (metáfora, metonimia, sinécdoque e ironía), señala que son precisamente la estructura narrativa y el modo arquetípico de presentación que escoge el narrador para el relato, lo que revela la intención política y social del texto.[12] En *Metahistory*, considerado como la mayor contribución de White, se señala que las historias son un intento de mediar entre el cuerpo documental existente, los intertextos históricos y el destinatario (6-11). En *Tropics of Discourse*, Hayden White propone la aplicación de las ideas de Peirce sobre el lenguaje al discurso historiográfico. Él afirma que se puede estudiar la narración histórica como una metáfora extendida o una complejidad de signos que nos apuntan al verdadero significado del proceso de interpretación (*Tropics* 88-89). En el ensayo titulado "Historicism, History and the Figurative Imagination", White subraya:

> The facts do not speak for themselves [. . .] the historian speaks for them, speaks on their behalf, and fashions the fragments of the past into a whole whose integrity is -in its representation- a purely discursive one. Novelists might be dealing only with imaginary events whereas historians are dealing with real ones, but the process of fusing events, whether imaginary or real, into a comprehensible totality capable of serving as the object of a representation is a poetic process. (*Tropics* 125)

La naturaleza poética del proceso de representación que postula White es sugerente en la interpretación de la escritura de la historia, pero todavía es limitante en el estudio de los textos premodernos o coloniales donde se está constantemente negociando una identidad o una postura ideológica. Una de las propuestas de White que más se ha cuestionado, es cuando presupone que la narrativa, como estrategia interpretativa, no es cognitiva y, por tanto, la exégesis es un procedimiento puramente lingüístico que está guiado por un principio moral o estético (Lorenz 314). Por estas razones, no quiero ignorar otras propuestas que realmente pueden ayudar en la interpretación de textos que tienen un referente muy real y una intención política muy clara. Lo que propongo, entonces, es modificar los planteamientos de White partiendo de las posibilidades metafóricas del discurso historiográfico, sin quedarnos en el ámbito estético y asimismo desarrollar el análisis de la perspectiva autorial, la intencionalidad y la construcción de una subjetividad que se manifiesta mano a mano con el reconocimiento de la alteridad y del poder.

Si hay algo que puede caracterizar el siglo XVI en Iberia y en el resto de Europa es la vitalidad de la tradición humanista de civismo y virtud provocada por el redescubrimiento de las fuentes clásicas y, más tarde, por las controversias religiosas que motivaron la defensa de la institución católica y la producción de una hermenéutica cristiana conducente a establecer las verdades del dogma. Es una época en la que el "cuerpo político" y religioso es el eje de los discursos de poder y conocimiento.[13] En el extenso cuerpo escriturario de Las Casas se edifica un discurso colonial subalterno que ha contribuido enormemente a la formación de la modernidad latinoamericana. Aunque el análisis que presento se enfoca en la *Historia de las Indias*, trato otros textos como la *Apologética historia sumaria*, el tratado *Unico vocationis modo*, la *Brevísima relación de la destrucción de las Indias* y otros de los polémicos opúsculos, cartas y memoriales. Me enfoco en el proyecto de Las Casas de la *Historia de las Indias* porque es uno de los textos menos estudiados y, sin embargo, más complejos del corpus colonial, en tanto que es un epítome de su vida, la lucha indigenista y la violencia en las colonias, además de ser uno de los esfuerzos más conscientes de seguir los preceptos humanistas sobre la historia y la retórica.

Uno de los documentos más polémicos que manifiesta la conciencia material de la historia de Las Casas es el testamento de noviembre de 1559 en el cual el fraile hace donación de la *Historia general de las Indias* a los religiosos dominicos del Colegio de San Gregorio de Valladolid.[14] En este documento le ruega al rector y a los consiliarios del Colegio que ni lean ni publiquen la *Historia* hasta pasados cuarenta años: "si vieren que conviene para el bien de los indios y de España, la pueden mandar imprimir para la gloria de Dios y manifestación de la verdad principalmente" (*Historia* 1).[15] Esto lo vuelve a reiterar en la cláusula posterior a su testamento. En este documento de 1559 se retoman los argumentos en contra de la conquista militar y se denuncia la condición colonial que había empeorado bajo el reinado de Felipe II. Resulta obvio que la publicación de la *Historia* en ese momento (1559-1566) no iba a surtir ninguna influencia positiva dado el ambiente de control político y eclesial en las colonias y en España es esa época.[16]

En el siglo XVI, la institución eclesiástica es el aparato de control ideológico primordial y la institución que debate y justifica los problemas filosóficos y políticos que legitiman las acciones del estado. En el caso de la escritura lascasiana, ésta opera dentro de la ideología y de los valores dominantes para denunciar el proceso de conquista y el sistema de las encomiendas y negociar un nuevo modelo de conversión al cristianismo. Al recurrir a estas "estrategias de contención", Las Casas se dirige a un lector cortesano y religioso cuya agencia social y política puede alterar el orden político y económico. Es evidente que la teoría y la práctica retórica de Las Casas comparten la genealogía del discurso de control colonial. Las Casas rescribe la historia del Nuevo Mundo empleando unos procedimientos hermenéuticos que se sirven de los mismos argumentos, metáforas y mitos utilizados por la historiografía oficial para apelar al espíritu de civismo y moralidad cristiana.

Cada capítulo de este proyecto está dedicado a una "condición" o problema crítico que nos puede ayudar a entender cómo Las Casas subvierte la relación entre el humanismo renacentista y la experiencia colonial para ofrecer una visión antihegemónica del proceso de conquista. Presento una suerte de repertorio del discurso colonial con sus categorías retóricas y conceptuales para estudiar la representación y la reinterpretación de la experiencia personal y colectiva del "encuentro". Las siguientes preguntas guían mi estudio: ¿Cómo construye Las Casas una representación de "lo real" de la guerra y de la condición colonial de las comunidades amerindias? ¿Cuáles son las bases intelectuales y culturales de esta representación? ¿Cómo se construye una voz de autoridad para realmente persuadir "desde adentro" la política de la institución eclesial y colonial? Y finalmente, ¿cuáles son las contradicciones y ambivalencias del sujeto enunciador y protagonista que sirve al poder colonial al mismo tiempo que enuncia su crítica más severa? Para responder a estas interrogantes trato la dimensión histórica, metafórica y autorreferencial que se manifiesta en el discurso político de Las Casas para proponer que los verdaderos eventos de significación simbólica son los discursos políticos y culturales que han legado mucho más que la historia de oposiciones básicas como la libertad contra la tiranía o el pacifismo contra la destrucción.

En el próximo capítulo, "Textos, contextos y pretextos de la *Historia*", comento la idea de la historia renacentista, los pretextos que presenta Las Casas en el prólogo de la *Historia de las Indias* y la influencia de la preceptiva humanista en la práctica del dominico. Es precisamente por medio de los intertextos que podemos advertir los principios teóricos e intelectuales que guían la escritura de Las Casas. Se puede advertir que la interpretación de los eventos y de la política trasatlántica depende enormemente de la interpretación de las autoridades canónicas y eclesiásticas. Éstas sirven de base para aclarar el horizonte cultural a través del cual opera el fraile y sus detractores.

El tercer capítulo, "*Principia biographica*: Las Casas y el pleito colombino", se centra en el primer libro de la *Historia de las Indias*, volumen que resume la primera década de la conquista y que se dedica, principalmente, a la biografía de Cristóbal Colón. Este capítulo trata la reconstitución del sujeto histórico entramado en las polémicas sobre la legitimación del poder político español en las tierras americanas, cuya reinvención biográfica retoma las preguntas y los debates más candentes sobre los derechos de los herederos de Colón a gobernar y representar la monarquía española en el Nuevo Mundo. Mi argumentación trata temas de amplias ramificaciones en la escritura colonial y renacentista como lo son la problemática disyuntiva entre verdad y ficción, la autoridad narrativa y testimonial y, finalmente, el uso y el abuso de la retórica de la ejemplaridad para manipular la reputación de un personaje histórico.

Es evidente que para Bartolomé de las Casas, las Indias son el lugar de la historia y de las profecías. En el cuarto capítulo, "Geografías de lo real y lo imaginario", se explora la representación del espacio geocultural que se va negociando a través de la escritura. En la *Historia de las Indias*, la *Apologética historia sumaria* y en la *Brevísima relación de las Indias* las perspectivas milenaristas y utópicas se reiteran en la escritura para documentar la historia de la fundación del cristianismo y construir una etnografía de las culturas amerindias. En este capítulo se analizan la apropiación del género utópico y las estrategias discursivas en la descripción del espacio/lugar americano que se compara con lo conocido por los europeos.

El quinto capítulo, "Alteridad y violencia del discurso colonial", amplía el tema del espacio geocultural para tratar, específicamente, la perspectiva etnográfica y su relación con los conflictos políticos. Presto atención a la representación del conflicto militar entre el amerindio, los encomenderos y los funcionarios de la Corona para analizar cómo Las Casas modifica la representación occidentalizante del salvaje noble y transforma retóricamente al cristiano español en sujeto satánico y abominable.

En la escritura de Las Casas, la versión oficial de la historia de la conquista se problematiza con los dramáticos ejemplos de lo visto y lo vivido. Éstos descansan entre lo real y lo simbólico para promover una imagen verosímil de la experiencia española en las Indias y propagar una idea del sujeto amerindio que pueda ser reconocida. En el último capítulo, "*Apologia pro vita sua*", se analiza cómo se construye la autoridad social y política con la experiencia como una categoría retórica que se distingue de los modelos de la historiografía humanista y eclesiástica. Me interesa examinar cómo Las Casas redefine estos modelos al representar su experiencia y justificar sus acciones, sus opiniones y su escritura. En la historia, el cuerpo y el texto, el ser y el lenguaje convergen para ofrecer la evidencia crucial de los abusos del poder político y del poder de la escritura.

Michel de Certeau en *La escritura de la historia* explora la idea de que el pasado es el espacio que reconstruimos para nosotros mismos a través de la escritura; lugar donde simbólicamente encontramos partes de nuestra subjetividad marginada. Certeau articula lo que afirman muchos críticos y teóricos de la historiografía y de los estudios postcoloniales: la relación, la historia y el testimonio son necesarios en la interpretación del presente y en la contemplación de los posibles futuros. Según este pensador francés, la escritura reinventa la materia prima de nuestro pasado para enlazar y convertir estos episodios de la experiencia pasada en productos culturales que satisfacen nuestras necesidades y prácticas contemporáneas (*La escritura de la historia* 90-91). En el polémico caso de Las Casas, la construcción occidentalizante del amerindio y la experiencia personal tuvieron un papel indispensable en el llamado humanismo político que caracterizó su vida y su escritura.[17] Para Las Casas, la textualización del pasado no fue una práctica mimética, sino un instrumento para cuestionar el presente e influenciar la historia futura. La versión testimonial de la conquista de Las Casas contribuyó a la fundación de una modernidad predicada en el impulso disidente que incorpora voces y saberes subalternos a la tradición occidental que, al interpretarse desde nuestro *locus* enunciativo, forman el eje ideológico que nos puede ayudar a comprender el desarrollo de la identidad híbrida que ha definido la historia y la cultura latinoamericana.[18]

Las Casas, por medio de la reconfiguración geográfica y cultural, asimila la diferencia americana y la disuelve en un discurso minado con las imágenes y metáforas de la cultura literaria europea. Sin embargo, "la política del lugar" está en el centro mismo de su proyecto. Para poder entender cabalmente cómo este fraile funda una tradición cultural disidente y los principios de defensa de los derechos humanos, sus textos tienen que estudiarse comparativamente, a la luz de la producción cultural y política de otros intelectuales como Sor Juana, Bolívar, fray Servando, Bello o Martí. Estos intelectuales cruzaron fronteras físicas e intelectuales en proyectos teóricos sobre la identidad y la historia que han redefinido la idea de la comunidad, la nación y la cultura. Por un lado, la escritura de Las Casas elimina la otredad fundamental del amerindio que se encontraba en los intersticios de la condición colonial y, por el otro, funda una subjetividad americana que ha trascendido e influido en los discursos independentistas decimonónicos y en nuestra perspectiva contemporánea de la identidad individual y colectiva que se define en la migración, en la hibridez y en su propia ambivalencia.

Fig. 2 Frontispicio de la edición latina de la Brevísima
Theodore De Bry (1598)
Benson Library, University of Texas-Austin

CAPÍTULO II

Textos, contextos y pretextos de la historia

La *Historia de las Indias* ha sido descrita por Lewis Hanke como un "mosaico construido" con una notable desorganización y falta de cronología: "la narración pasa de un tema a otro, sin orden ni concierto, para confusión del lector y a veces, hace extraños rodeos o se detiene por completo para dejar paso a capítulos fuera de propósito" ("Bartolomé de las Casas, historiador" lxx). Hanke, en sus estudios sobre Bartolomé de las Casas, cruzó al campo de la crítica literaria para comentar el estilo y el método de la escritura del fraile dominico y explicar por qué, a excepción de la *Brevísima*, los textos de Las Casas "no lograron un amplio círculo de lectores después de su publicación" (*Estudios sobre fray Bartolomé de las Casas* 235).[1] Claro que Hanke, el historiador "socio-intelectual revisionista" (Keen, "Main Currents" 668) a quien le debemos el rescate de Las Casas en los estudios coloniales en los Estados Unidos, escribe en unas décadas en que todavía el campo de la historia no trata las consecuencias epistemológicas de la narrativa en la historiografía. Ha sido en las últimas décadas que hemos visto cómo desde otras disciplinas (la historia y la antropología) se ha comenzado a indagar profundamente la influencia de la tradición retórica y las particularidades del lenguaje de la teoría política, que historiadores como Las Casas, utilizaron para presentar su visión de la conquista militar e intervenir en los debates políticos indianos.

Hayden White, al escribir sobre el discurso historiográfico decimonónico y sus puntos de contacto con el discurso literario, ha señalado que en la escritura de la historia el contenido está formado tanto por el evento histórico como por la narratividad. Lo más importante de su argumento es la sugerencia de que la forma es parte de la ideología del discurso historiográfico ("Rhetoric and History" 24). Al elaborar la idea hegeliana de que el contenido no es la historia verdadera sino la relación entre el pasado y el presente del historiador, Hayden White afirma que el discurso histórico no es un mero vehículo para hacer llegar un mensaje, sino que es un mecanismo reproductor del significado de amplio contenido ideológico (*The Content of the Form* 42). Si bien los planteamientos de White han sido objetos de amplio debate, éstos han fomentado unos acercamientos críticos estructuralistas y postestructuralistas a la historiografía que reconocen que la representación histórica, al tener como vehículo el lenguaje, es una actividad semiótica comprometida con la retórica y la ideología (Kellner 9).

La *Historia de las Indias*, los tratados, las cartas y los memoriales lascasianos tienen que leerse a la luz de la relación entre la práctica política, la tradición retórica y los límites de la autoridad política-religiosa que domina la producción cultural renacentista.[2] Las Casas, para poder intervenir persuasivamente en los asuntos de Indias, tuvo que leer y redefinir los modelos humanistas y cristianos de virtud y autoridad que subrayaban la disciplina del *ars historiae* a partir de la diseminación de los fundamentales tratados ciceronianos. La dimensión autorreferencial en los textos de Las Casas se revela desde dos ángulos que se conectan; primero, en la construcción de la autoridad del sujeto enunciador y, segundo, en la representación del "clérigo Casas" como defensor de los indígenas y protagonista de los debates ante la corte española y el Consejo de Indias. Parto de la idea de Greenblatt de que el ser se construye culturalmente con las estrategias escriturales de la cultura hegemónica: "Self-fashioning is in effect the Renaissance version of these control mechanisms, the cultural system of meanings that creates specific individuals by governing the passage from abstract potential to concrete historical embodiment" (*Renaissance Self-Fashioning* 3-4). La construcción de Las Casas como autor y protagonista se tiene que estudiar desde esta perspectiva cultural, subrayando, específicamente la influencia de la pedagogía humanista en la construcción de la autoridad de Las Casas y en la reivindicación de sus acciones. Para trazar la construcción de esta subjetividad intelectual hay que prestarle atención al espacio de la producción y de la recepción que nutre la teoría y la práctica de la historia en unos años en que "la ansiedad de la influencia" del pasado era una fuerza vital.[3]

En este capítulo reflexiono sobre cómo Las Casas interviene como humanista cívico y cristiano en el terreno jurídico, teológico y político trasatlántico y, aún más, cómo se convierte en sujeto fundacional de una tradición intelectual disidente en América Latina cuando retoma principios básicos occidentales para escribir en contra del orden social y político que sujeta las colonias. Construyo una genealogía intelectual necesaria para la exégesis crítica de los textos lascasianos y para observar cómo Las Casas se atiene a la preceptiva historiográfica y en qué forma se adelanta un siglo a lo que ha llamado Foucault "el espacio del orden", espacio epistémico dentro del cual se reconstituye el conocimiento en la modernidad temprana. Es en la *Historia de las Indias*, en la *Apología* y en el tratado *Del único modo de atraer a todos los pueblos a la verdadera religión* en donde se transforma la idea monolítica del autor medieval como ente de inspiración divina y total autoridad.[4] Las Casas construye un modelo autorial que escribe desde posiciones subjetivas diferentes y que legitima su voz como historiador/testigo con la autoridad intelectual que le confiere conocer el canon escolástico y humanista.

La dimensión intelectual que reviste la crítica de la conquista constituye uno de los aspectos menos estudiados de Las Casas.[5] Por un lado, él vivió influido por el movimiento humanista que llegó a Iberia con la presencia de los intelectuales italianos y flamencos en las universidades y en la corte de Carlos V.[6] Por el otro, su escritura manifiesta una sólida adhesión al canon escolástico que se conjuga con el ímpetu humanista que refleja su formación en la Universidad de Salamanca, aspecto polémico de su biografía.[7] Asimismo, se ha señalado que es probable que Las Casas haya estudiado en la escuela de Antonio de Nebrija, quien enseñaba gramática latina en Sevilla (Pérez Fernández, *Fray Bartolomé de las Casas* 20). Sobre este respecto, hay que advertir que Las Casas fue siempre crítico del latín de sus detractores. Después de que se ordena dominico, la formación intelectual de Las Casas se fortalece en sus retiros "intelectuales" en La Española. Asiduo lector, como lo confirma Hanke, en sus viajes él cargaba sus libros y documentos. Esto ha quedado confirmado por el mismo Motolinía, quien en las quejas sobre Las Casas denuncia la cantidad de indígenas "esclavos" que cargaban su biblioteca: "traía XXVII ó XXVIII cargados, que no me recuerdo bien el número, y todo lo más que traía en aquellos indios eran procesos y escripturas contra españoles, y buxerías[8] de nada" (Pérez Fernández, *Fray Toribio Motolinía* 116).[9]

La necesidad de articular sus denuncias públicamente ante unos adversarios formados en las mejores instituciones universitarias europeas, forzó a Las Casas al intenso estudio de las disciplinas que lo ayudarían en la articulación de una crítica persuasiva que se equiparaba a la de los intelectuales humanistas que confrontaba. Intelectualmente, Las Casas tiene que compararse con otros protagonistas de la historia cultural europea del siglo XVI como Lutero y Calvino, quienes por razones políticas y religiosas fueron objetos de las denuncias más severas de la época.[10] El estudio de los testimonios de las audiencias de Las Casas y Lutero ante la corte de Carlos V presentan interesantes semejanzas en cuanto a las estrategias discursivas y el esfuerzo consciente de ambos sujetos de acción de reconstruir textualmente sus intervenciones en las cortes de Barcelona.[11] Estos dos protagonistas de la historia religiosa renacentista dejan evidencia de su *ethos* político y de sus esfuerzos reformadores al responder con discursos públicos de heroísmo humanista.[12]

EL PRÓLOGO DE LA *HISTORIA DE LAS INDIAS*

> Sed quorsum, precor, haec?, alguno dirá. ¿Dónde irá a parar tanto y tan luengo discurso de prólogo, trayendo tantas cosas de originales antiguos? Digo que a poner los fundamentos y asignar las causas de todo lo que en esta Corónica de estas Indias propongo decir, va todo lo susodicho dirigido. (I: 12)

El acto de autolegitimar la escritura y crear una voz de autoridad son lugares comunes de los prólogos renacentistas.[13] Las reglas del *exordium* forense que Aristóteles presenta en su *Retórica* y que Cicerón reitera en *De inventione* enmarcan el prólogo de la *Historia de las Indias*, documento que puede ayudar en el estudio de la continuidad de la cultura humanista en los textos coloniales. El prólogo, compuesto en 1552, articula la base intelectual y el método de su "Corónica de las Yndias".[14]

Las Casas escribe en los años de desarrollo de la teoría del *ars historiae*, la cual se transforma en género con las publicaciones de Cornelio Agripa (1526-27), Juan Luis Vives (1531) y con *Dialogo dell' historia* de Sperone Speroni (1542), primer libro dedicado totalmente a la teoría de la historia (Black 129). Sin embargo, no es hasta la segunda mitad del siglo XVI que en España y en el resto de Europa los tratados sobre la práctica historiográfica comienzan a dominar en las esferas intelectuales (Reynolds 471). En el ambiente humanista-cristiano del siglo XVI peninsular se comienza a cuestionar la naturaleza de la historia y las reglas que determinarían su práctica. Si bien es cierto que los humanistas tempranos fueron prolíficos historiadores, no es hasta mediados del siglo que se comienzan a diseminar tratados sobre la práctica historiográfica como los de Jean Bodin, Francesco Patrizzi, Sebastián Fox Morcillo y Melchor Cano.[15] Con la producción de estos tratados y manuales se legitima el *ars historiae* como género literario y espacio discursivo para diseminar la

verdad y servir de utilidad a los gobernantes. En España, la clara conciencia del poder didáctico del discurso historiográfico se manifiesta en
los textos de historiadores como Pero Mejía, quien en el prólogo de su
Historia imperial y cesárea (1547) subraya que al querer escribir algo de
provecho para su patria y nación había escogido el género de la historia
"porque ninguna cosa de letras se puede escribir que comúnmente pueda
aprovechar a tantos, y así sea recibida y admitida por todos, como es la
historia, ni más preciada y alabada haya sido de los sabios y grandes
hombres" (Porqueras Mayo 67). Más de medio siglo de reflexión teórica
sobre el discurso historiográfico culminan en el texto de Luis Cabrera de
Córdoba, quien en 1611 señala que la importancia de las historias radica
precisamente en lo que puede enseñarle a los gobernantes: "Vno de los
medios más importantes para alcançar la prudencia tan necesaria al príncipe en su arte del reynar, es el conocimiento de las historias. Dan noticias de las cosas hechas, por quién se ordenan las venideras, y assí para
las consultas son utilíssimas" (11).

El prólogo de la *Historia de las Indias* anticipa muchos de los principios que afirma Cabrera de Córdoba y ofrece un panorama crítico de la
teoría historiográfica a la que se atiene el autor. Más importante aún, éste
constituye una justificación intelectual del contradiscurso colonial que
introduce. Las Casas se muestra como historiador de los historiadores
para definir el concepto de la historia, sus características esenciales y
presentar una imagen del historiador ideal. Él comienza con las cuatro
causas que enuncia Flavio Josefo: la búsqueda de "fama y gloria" de los
historiadores, "servir y agradar a los príncipes", la necesidad de decir la
verdad y la utilidad común (I: 3). Primero, descarta las dos primeras causas señaladas por Flavio Josefo, las cuales identifica con los historiadores
griegos que buscaban fama con sus "polidas y limadas" palabras y buscaban adular a los reyes. Según Las Casas, los historiadores aduladores o
lisonjeros son "la pestilencia más perniciosa" con la cual se "inficionan a
los reyes" con mentiras y "a sus reinos perjudican" (I: 4). Añade: "los
malos libros deben los reyes vitar de sí, y no sólo por sí no leerlos, pero
prohibirlos en sus reinos" (I: 5). Los comentarios sobre los griegos insinúan las ansiedades del año 1552 para Las Casas con la publicación de
los textos de Fernández de Oviedo y López de Gómara y las insistentes
peticiones de Sepúlveda para que se publicara su *Democrates secundus*.[16]
Las Casas desarrolla un modelo historiográfico donde lo personal (el lugar intersticial y controversial del sujeto enunciador) subyace en un asunto de urgencia pública que tiene que resolverse para el bienestar de la
nación.

El exordio se convierte en consejo y advertencia a los reyes que son responsables de que todas las historias sean "vistas, escudriñadas y limadas" (I: 5). Según Las Casas los monarcas españoles no pueden permitir la publicación de libros que contengan "daño y perjuicio suyo y de su república" (I: 5). Entonces las historias deben ser escritas para la utilidad de la nación como *magistra vitae* y para ayudar a "la declaración y decisión jurídica de la justicia" (I: 9). Además, los discursos historiográficos deben reivindicar la verdad de los hechos y servir de "honra y gloria divina". Esta redefinición teórica de la historia sintetiza los preceptos humanistas y los afirma en las autoridades más respetadas de su época: Cicerón, San Agustín, Diodoro, Metástenes, Eusebio y Pablo Orosio y fray Guillermo, entre otros.

Las autoridades que legitiman las opiniones de Las Casas proceden de varias épocas y disciplinas: la Biblia, los textos de la antigüedad grecolatina, de los Santos Padres de la Iglesia, de teólogos y humanistas contemporáneos y, finalmente, del cuerpo de textos de derecho canónico y civil romano.[17] Hanke ha señalado: "Con frecuencia, la narración se pierde en un mar de citas y referencias eruditas, lo que no puede atribuirse a su edad, sino a su inclinación a tales embellecimientos" ("Bartolomé de las Casas, historiador" lxxi). El uso excesivo de autoridades del canon escolástico e humanista cumple dos funciones: primero, es un tópico de la época y, segundo, demuestra su erudición para responder a los insultos de "monje sin sabiduría o letras" (Fabié II: 125-126) que circulaban en las esferas políticas y religiosas en el Nuevo Mundo. El tópico argumentativo tiene su mayor expresión en la *Apología* donde la discusión se transforma en un ejercicio de exégesis filosófica y canónica. El uso de las autoridades que domina en la *Historia de las Indias* y en el resto de los documentos producidos a raíz de este debate apunta a que estos textos tienen que leerse, retóricamente y filosóficamente, como una continuidad de los debates legales contra Sepúlveda. Ahora bien, la idea de autoridad del sujeto enunciador se desplaza desde la del intelectual que conoce los cánones a la de un personaje que ha presenciado los hechos. Desde estas dos perspectivas se construye la autoridad del *auctor* como testigo que verifica con su experiencia los estragos de la conquista.

Las Casas, al citar las *Etimologías* de San Isidoro en el prólogo, subraya que la historia "quiere decir ver o conocer" y añade "porque de los antiguos ninguno osaba ponerse en tal cuidado, sino aquel que a las cosas que acaecían se hallaba presente, y veía por sus ojos lo que determinaba escribir" (I: 6).[18] Luego sigue la sentencia de Metástenes que delinea que los historiadores deben ser "varones escogidos, doctos, prudentes, filósofos, perspicacísimos, espirituales, y dedicados al culto divino, como entonces eran y son los sabios sacerdotes" (I: 6). El análisis etimológico de la palabra "historia" y la descripción del *ethos* del historiador enmarca la justificación de Las Casas como sujeto enunciador para la historia del "indiano orbe". Hay que considerar que el *ethos* (persuasión que proviene de las características del orador) es, según Aristóteles, la herramienta más eficaz para la persuasión.[19] Las Casas articula su identidad basándose en su autoridad de "cristiano, y con esto religioso, y viejo de algunos más de sesenta años, y también, aunque no por los propios meritos, puesto en el número de los obispos" (I: 12). El carácter crítico de historia lascasiana problematiza un aspecto de la práctica historiográfica que fue importante en la reevaluación de la sabiduría tradicional y en la representación de la verdad histórica. Me refiero al debate entre la importancia del valor de la experiencia y el saber libresco. Esta polémica tuvo sus orígenes con el resurgimiento de las tradiciones clásicas en este periodo en que se volvieron a tomar en consideración las formulaciones de Herodoto, Polibio y Tucídides sobre la importancia del testimonio del testigo ocular en la escritura de la historia.[20]

La fidelidad a la evidencia y al *res gestae* apenas comienza a establecerse durante el Renacimiento. Bien sabemos que la verdad durante el siglo XVI tiene muchas formas y todavía converge con la ficción de la verosimilitud para privilegiar la verdad moral, religiosa y filosófica. William Nelson apunta:

> The division of history into true and false associated fiction with the latter and infected it with its moral stain. To free himself from the charge of lying the storyteller had recourse to either of two alternatives. He might brazen it out by insisting that his fiction was not fiction at all but true history, derived from authentic sources and based on the observation of reliable witnesses. (8)

Según Las Casas, el historiador tenía que conocer las historias antiguas y también tenía que preocuparse por presentar la verdad histórica basada en la experiencia. Con esto, él manifiesta una tensión entre la doctrina y la experiencia donde vence esta última. Hay que recordar que dentro del contexto legal solamente el testigo ocular puede informar sobre un evento. Las Casas traslada a la práctica historiográfica esta regla. Uno de los aspectos más importantes del prólogo es la crítica a los historiadores oficiales al no preocuparse por atenerse a la verdad:

[. . .] ninguno de los que han escrito en lengua castellana y latina, hasta el año de 1527, que yo comencé a escribirlas, vido cosas de las que escribió, ni cuasi hubo entonces hombre de los que en ellas se hallaron que pudiese decirlas, sino que todo lo que dijeron fué cogido y sabido, como lo que el refrán dice, "de luengas vías", puesto que de haber vivido muchos días en estas tierras, no tanto como dicen viviendo, hacen algunos dellos mucho estruendo, y así no supieron más dellas, ni más crédito debe dárseles que si las oyeran estando ausentes en Valladolid o en Sevilla. (I: 21)

Las Casas señala que decidió escribir para imitar a "Marco Catón y Josepho, los cuales por el bien de sus naciones a las trabajosas velas de escribir se ofrecieron" (I: 21). Refiriéndose a las historias ya publicadas señala: "anteponiendo la pública utilidad a sus historias, perdonarán si descubriere sus defectos, pues se pusieron a escribir afirmando lo que no supieron" (I: 21-22). El testimonio, al apelar a la conciencia moral y cristiana de los lectores, presenta un caso pertinente e importante y, finalmente, declara las faltas y las debilidades de los adversarios que en el caso de Las Casas, son los cronistas oficiales que presentan una visión apologética de las guerras, las encomiendas y la esclavitud amerindia.

El prólogo de la *Historia de las Indias* se presenta como un lugar para negociar intelectualmente una visión anticolonial con la erudición humanista y escolástica como armazón de un método. Las Casas, antes de exponer las razones que lo mueven a escribir, utiliza la metáfora de la siembra para demostrar que la historia colonial no ha "cosechado" nada para el bien de la nación: "Y porque sin arar el campo de materia peligrosa, que a tratar se ponían, con reja de cristiana discreción y prudencia, sembraron la simiente de su humano y temporal sentimiento, por ende ha brotado, producido y mucho crecido cizaña mortífera, en muchos y muy muchos, de escandalosa y errónea ciencia y perversa conciencia" (I: 13). Este fragmento recoge la metáfora bíblica de la siembra/cosecha para describir un proyecto didáctico fracasado al sembrar "simiente árida, silvática e infructuosa" y cosechar "cizaña mortífera". La discusión teórica se desarrolla con lugares comunes, conceptos y analogías conocidas (plantar, veneno y cura) que se reiteran en el texto retórico y se mantienen como vehículos aun en los contextos teóricos y en la reconstrucción de la historia del Nuevo Mundo.

El uso del tópico de la falsa modestia, en el caso de Las Casas de la falta de elocuencia, sugiere que el estilo propio es simple, claro y diferente al de los cronistas que amonesta. Se nos previene que: "la penuria de los vocablos, la humanidad del estilo, la falta de la elocuencia, serán dellos buenos testigos" (I: 12). La falsa modestia expresada por Las Casas no es otra cosa que una convención retórica, que como señala White, es frecuentemente utilizada por los historiadores renacentistas para persuadir a sus lectores de que ellos escriben "la verdad histórica" ("Rhetoric and History" 3-5).

Después de un largo preámbulo que establece las coordenadas de su denuncia y de su defensa del indígena, Las Casas señala las ocho razones que lo indujeron a escribir la *Historia*: la gloria de Dios y la manifestación de su justicia; la felicidad corporal y eterna de los pueblos del Nuevo Mundo; la defensa del honor y la fama de los Reyes Católicos; el bienestar de toda España; el deseo de hacer un relato claro, exacto y agradable; la intención de librar a la nación del error de creer que los indios no son hombres; la descripción de las virtudes y los pecados de los españoles y, por último, dar a conocer "la multitud y grandeza de las hazañas admirables y prodigiosas llevadas a cabo en las Indias".[21] Él escribe porque España necesita "verdadera noticia y lumbre de verdad" (I: 19) y quiere rectificar lo que se ha dicho sobre la humanidad amerindia por "algunos de nuestros tiempos, que han escrito cosas vanas y falsas destas Indias, no menos corruptas que fingidas" (I: 21). Con estas razones se demuestra una conciencia crítica y se presenta un epítome de los preceptos básicos de la escritura de la historia en el siglo XVI que lo ayudarán a "refamiliarizar" al destinatario con los eventos.

La dimensión intertextual, multidiscursiva y nacionalista de la *Historia de las Indias* queda claramente advertida al final del detallado prólogo cuando enuncia:

> [. . .] porque cerca del año de 500 veo y ando por aquestas Indias y conozco lo que escribiere; a lo cual pertenecerá no solo a contar las obras profanas y seglares acaecidas en mis tiempos, pero también lo que tocare a las eclesiásticas, entreponiendo a veces algunos morales apuntamientos y haciendo alguna mixtura de la cualidad, naturaleza y propiedades destas regiones, reinos y tierras y lo que en sí contienen , con las costumbres, religión, ritos, cerimonias y condición de las gentes naturales de ellas, cotejando la de otras muchas naciones con ellas, tocando las veces que le pareciere lo a la materia de la cosmografía y geografía conveniente [. . .]. Ponerse han algunas palabras o sentencias en latín, precediendo o posponiendo en suma su sentido, por ganar tiempo y excusar prolijidad en nuestra lengua [. . .].

> El autor o causa eficiente della, después de Dios, es D. Fray Bartolomé de las Casas o Casaus, fraile de Santo Domingo y obispo de la Ciudad Real, que se dice de los llanos de Chiapa, en lengua de los Indios Zaca-

tlán, y es provincia o reino uno de los que contiene la que hoy se nombra la Nueva España; el cual, por la divina misericordia, soy el más viejo de edad que más ha vivido quizá y de más tiempo gastado y por experiencia que hoy vive, si por ventura no hay uno o dos en todas estas occidentales Indias. *Deo gratias.* Comienza la historia. (I: 22)

Al final del prólogo hay un cambio de la tercera persona a la primera persona narrativa que subraya la autoridad basada en su identidad y en los años de experiencia en el Nuevo Mundo. La declaración recuerda un documento legal en el cual el testigo declara quién es y las calificaciones que posee para señalar que es digno de confianza. Asimismo, se establece en la *conclusio* la perspectiva testimonial, moral, pedagógica y ejemplarizante que constituyen estratégicamente su discurso. Además, manifiesta una conciencia nacional expresada en su preocupación por la traducción a la lengua vernácula de los fragmentos en latín que cita directamente. Ésta es una característica del nacionalismo que promueve la tradición retórica del siglo XVI que quiere ampliar su audiencia y llegar a todos. Sobre el tema de la traducción y su relación con el sentir nacional, Lucia Binotti señala: "The practice of translation thus becomes a key historical process for understanding the influence of cultural and political conflicts in the transmission of new knowledge –not only Classical and Biblical knowledge, but also knowledge about the non-western world– in sixteenth century Europe" (770). La traducción y la dimensión filológica que rescata la *Historia de las Indias* apunta a una recepción universal. El texto no es sólo para el Rey y sus consejos, sino para todos.

La estética clásica y renacentista dentro de la cual se ubica Las Casas se refleja en el uso de las convenciones literarias como las digresiones, la retrospección y los diálogos ficticios que, además de enseñar, también pretendían entretener. Al hacerlo, se remite a Horacio y a su conocida preocupación por lo útil y lo dulce de la escritura. Para construir una imagen de autoridad que le permita relatar los eventos de la conquista y la guerra, Las Casas le demuestra al destinatario que antes de ser autor, ha sido lector asiduo del canon escolástico. Esto lo revela con las innumerables citas de los santos padres de la Iglesia, los historiadores de la antigüedad clásica y de intelectuales contemporáneos. Esta imagen del autor/lector que es tan importante en la composición de los tratados de Las Casas nos remite a la forma en que el fraile dominico construye una imagen propia de erudito con los tópicos y los lugares comunes tan en boga de la cultura intelectual renacentista.[22]

TEORÍA Y MÉTODO DE LA "CORÓNICA DE LAS YNDIAS"

En la reconstrucción de los eventos y en los discursos de carácter ético y moral, la *Historia de las Indias* manifiesta una serie de apropiaciones en el ámbito ideológico y teórico que contribuyeron al desarrollo de un estilo retórico propio marcado por la denuncia, el tono de urgencia y la necesidad de acción inmediata. Los historiadores oficiales de los años más conflictivos de la conquista (Anglería, Fernández de Oviedo, López de Gómara y Sepúlveda) legitimaron el imperio y al hacerlo, promovieron la hegemonía cultural e ideológica que ordenó la vida colonial en el ámbito político, social y económico. Ahora bien, fueron los historiadores florentinos del *quatroccento* como Lorenzo Valla, Francesco Guicciardini y Leonardo Bruni los que, en teoría y en práctica, afirmaron la idea de la historia como instrumento para la utilidad y legitimación del poder imperial. Felix Gilbert, quien ha estudiado extensamente la producción historiográfica de Maquiavelo y Guicciardini, explora la idea del nuevo humanismo que trasciende la fórmula moralista para plantear un realismo que retrata la miseria de la condición humana y la lucha de la dignidad del individuo con las fuerzas de la historia.[23]

Eric Cochrane define la historiografía humanista de acuerdo a los conceptos de "change through time, contingency of single historical events, of a succession of distinct historical epochs, of independence of human affairs from divine or supernatural causation" (27). No es que se proponga que la producción historiográfica de Las Casas encaje fácilmente dentro de esta caracterización, pero sí que se encuentra navegando entre tradiciones de conocimiento que ciertamente enfatizan la vida activa del sujeto evangelizador. En el prólogo de su *Historia* subyace su individualidad al utilizar preceptos sacados de la tradición escolástica de Santo Tomás de Aquino y articularlos a la par de la ideología humanista que privilegiaba la historia como vía enunciativa y *plena exemplorum historia*, o sea, como fuente de ejemplos a seguir o a imitar.[24] Si hay algo que queda establecido es que Las Casas subraya tanto los postulados clásicos sobre la historia y la sabiduría que dictaminan Aristóteles, Cicerón y Quintiliano como los textos de Eusebio, San Agustín y Santo Tomás. Dentro de un solo espacio, se negocian culturalmente dos visiones que se contradicen y se complementan: la historia como *gesta hominis* y *magistra vitae* y, por el otro lado, como una manifestación de la divinidad y narración del proceso histórico de la salvación.

Después de Santo Tomás, Cicerón es la fuente de más autoridad aludida por Las Casas. Los textos ciceronianos influyeron las actitudes que privilegiaban la enunciación del discurso historiográfico como fuente de sabiduría, ejemplaridad y verdad (*lux veritas*). Hay que señalar que Cicerón, si bien fue utilizado durante la Edad Media, se populariza a partir de 1422 cuando se encuentran los manuscritos completos de los textos *De oratore, Orator* y *Brutus* (Reynolds 471-72).

Cicerón inspiró sustancialmente la preceptiva historiográfica al enfocar la importancia de las causas. En *De oratore*, considerado su texto más maduro y, ciertamente, el más influyente durante el Renacimiento (Murphy 30), se plantea que es propio del orador escribir historia. También se señala que la virtud de la fuerza de la oratoria es la dimensión agencial que se constituye en ella, "guía en la moral, la vida política y la virtud de los ciudadanos" (Ynduráin 221). En el segundo libro de *De oratore*, texto al que se refiere Las Casas en varias instancias claves, uno de los personajes del diálogo, Antonio, delinea los preceptos de la historia después de comentar las virtudes de los historiadores griegos:

> ¿Pues quién ignora que la primera ley de la historia es que el escritor no diga nada falso, que no oculte nada verdadero, que no haya sospecha de pasión y de aborrecimiento? Estos son los fundamentos conocidos por todos; pero el edificio estriba en las cosas y en las palabras. La narración pide orden en los tiempos, descripción de las regiones, y como en los grandes sucesos lo primero que se ha de considerar es el propósito, lo segundo el hecho, y lo postrero el resultado, necesario es que indique el historiador, no sólo lo que se hizo y dijo, sino el fin y el modo como se hizo, y las causas todas, dando a la fortuna, a la prudencia o a la temeridad la parte que respectivamente tuvieron; y no ha de limitarse a estas acciones, sino retratar la vida y costumbres de todos los que en fama y buen nombre sobresalieron. (Cicerón 78)

No extraña que Cicerón haya sido modelo de los historiadores y cancilleres europeos para intervenir en los asuntos de estado y en la política transatlántica. Las Casas mismo subraya: "Es cierto que para hacer justicia a la grandiosidad y dignidad de los sucesos de las Indias, las cuales Dios ha puesto en las manos de los reyes de Castilla, se necesitaría la elocuencia de un Demóstenes y para describirlos la maestría de un Cicerón" (*Historia* II: 27).

No obstante, para Las Casas Cicerón presenta un esquema tanto teórico como filosófico. Las Casas se separa intelectualmente de los cronistas oficiales al utilizar la autoridad de las palabras de Cicerón en los temas de la necesidad de la sabiduría para cumplir las funciones políticas del orador. En la *Apología* contra Juan Ginés de Sepúlveda, se alude a la autoridad de Cicerón (junto a Santo Tomás y San Agustín) para demostrar la injusticia de las guerras: "Del mismo modo Cicerón jamás aprueba la guerra, salvo si se presenta de urgencia una inevitable necesidad, de manera que dicha guerra no pueda en modo alguno ser evitada" (389). El proyecto escritural de Las Casas organiza la realidad de la conquista y articula unos principios básicos para gobernar que se definen en la preceptiva retórica ciceroniana.

RETÓRICA, AGENCIA Y CIVISMO

La modernidad que se funda en el siglo XVI está delineada en forma y contenido por la teoría retórica, la cual tuvo un lugar privilegiado en el *curriculum* académico al ofrecer el paradigma para la representación de la realidad. Con su *inventio, dispositio, elocutio, memoria, y narratio* (lo que es *actio* o pronunciación) la retórica se convierte en instrumento teórico para todas las disciplinas, particularmente para la oratoria sagrada y secular, la poesía y la historia.[25] Nancy Struever ha subrayado "the major, almost exclusive source of knowledge of literary form through the eighteen century was the classical rhetorical tradition" (65) y queda claro que la escritura de la historia era el vehículo de reconstrucción del pasado para problematizar el presente. Ésta ofreció una perspectiva de poder y una visión para modificar el mundo y, más importante aún, "it implied that human character itself could be similarly fashioned, with an eye to audience and effect" (Greenblatt, *Renaissance Self-fashioning* 162).

Tanto James Murphy como Paul Oskar Kristeller han subrayado que la retórica es la disciplina que ofrece la clave para entender el pensamiento y el humanismo renacentista.[26] Este proceso intelectual que afecta casi todos los aspectos de la vida europea contribuye en gran manera a una proliferación de tratados retóricos que inundan el mercado emergente del libro en Europa (Monfasani 172).[27] Es fácil darnos cuenta que la conquista y la colonización de América Latina toma lugar durante el periodo de florecimiento y de más profunda penetración cultural del humanismo clásico, décadas en que la retórica, revivida por las nuevas traducciones a las lenguas vernáculas, se encuentra en el centro del canon humanista. Paralelamente, "los esfuerzos de colonizar, subordinar, gobernar y educar" la humanidad amerindia fueron ejecutados no sólo con la fuerza militar sino también con los instrumentos retóricos que la cultura intelectual europea proveía (Abbot xi). Textos coloniales, dentro y fuera del canon, como los de Bartolomé de las Casas, Juan Ginés de Sepúlveda, fray Diego Valadés, el Inca Garcilaso de la Vega y el famoso extirpador de idolatrías del Perú, José de Arriaga evidencian que la teoría y la práctica de la retórica en el Nuevo Mundo se encuentra vinculada a los proyectos intelectuales de carácter evangelizador, imperial y etnográfico.

Aunque Las Casas coloca en un lugar privilegiado los preceptos de Cicerón –el modelo ideal de los humanistas que retaban la filósofos escolásticos– en la escritura de la historia no se establece la ruptura entre el humanismo y el escolasticismo. Al contrario, la visión estética y filosófica que guía su proyecto se nutre de ambas tradiciones para presentar una visión de su experiencia en el Nuevo Mundo que apela la conciencia humanista y apocalíptica de la España contrarreformista. En el ámbito filosófico y teórico, Las Casas sintetiza y le da continuidad a la tradición intelectual, cultural y religiosa para romper con los modelos imperiales de violencia y subyugación. Como señala Hans Kellner:

> Rhetoric, representation and reality cannot be separated from one another. To do so is to repress that part of human reality that accounts for our understanding, convictions and values. The moral high ground of the historical realists [. . .] is always won at the expense of language and its imperatives, the "other sources" of historical representation. (2)

Durante el reinado de Carlos V, la fusión del escolasticismo y del humanismo encontró una expresión en la historiografía que siguió los cánones y las estrategias expositivas humanistas y medievales. Con esto, se enmarcaron los textos dentro de la tradición universalista y cristiana. Los historiadores humanistas heredaron de los intelectuales medievales los géneros, los modelos literarios y el pensamiento crítico de la Antigüedad greco-latina. Esta tradición escritural fue la que moldeó el contenido y la perspectiva religiosa de los escritos bíblicos y de la patrística en la que echó raíces el corpus documental medieval.[28]

El historiador renacentista tiene que comunicar que todos los seres humanos son iguales y que los procesos históricos son universales.[29] Como vehículo de la persuasión, para el historiador medieval era sumamente importante estar entrenado en retórica y conocer la historia antigua, mitos y leyendas para ejemplificar los preceptos. Smalley, en su discusión sobre la herencia romana en la historiografía medieval, señala:

> The art of persuasion includes an appeal to the emotions, and history came into it because a favorite form of appeal was to tell stories by way of example. The orator stirred the hearts of his hearers (or tried to do

so) by telling tales of virtues practiced by the ancient Romans and of the short shrift they gave to vices. (15-16)

La importancia de la tradición retórica en la práctica escritural de Las Casas tiene dos vertientes: la teórica, que ubica a Las Casas como preceptista y crítico y la triple dimensión práctica: como método en la evangelización, la narración de los eventos y la exposición de su denuncia.

La admiración por la elocuencia queda declarada por Las Casas en la reflexión de la forma en que se debe llevar a cabo la práctica evangelizadora. A pesar de la crítica severa que Las Casas hace en el prólogo de los elocuentes historiadores humanistas, él no puede obviar una tradición escritural tan importante para los religiosos. Refiriéndose a los preceptos agustinianos en *Del único modo de atraer a todos los pueblos a la verdadera religión*, Las Casas señala la importancia de la retórica en la evangelización y pacificación:

El predicador o maestro que tiene el encargo de instruir y atraer a los hombres a la fe y religión verdadera debe estudiar la naturaleza y principios de la retórica, y debe observar diligentemente sus preceptos en la predicación, para conmover y atraer el ánimo de los oyentes, con no menor empeño que el retórico u orador que estudia este arte y observa en su oración sus preceptos, para conmover y llevar a sus oyentes al punto que se propone. (94-95)

Dentro de la tradición medieval y tomista, el autor era un instrumento de la providencia, y Dios el único autor verdadero de las cosas (Minnis 73). Las Casas no se aparta de este precepto básico, al contrario, como veremos, su esquema conceptual gira alrededor del plan mesiánico que lo designa a él y a otros protagonistas de la historia colonial (Colón, Antón de Montesinos y Carlos V, entre otros) como instrumentos providenciales. Él depende grandemente del *genus grave* de la retórica eclesiástica cuya característica principal es la escritura que despierta alguna pasión, pero que no ofusca la verdad. Debora Shuger afirma que el estilo cristiano:

[. . .] becomes a bridge between the word and the world, connecting problems of style to the role of emotion and imagination in the mind's journey toward God, to the relation toward thought and feeling, to the Christian concept of selfhood. It reflects the revival of Augustinism in the Renaissance and with it a defense of emotion as inseparable from Christian inwardness. (8)

La escritura de Las Casas es un ejemplo de la historiografía cristiana humanista que exalta la tradición clásica y que la funde con la filosofía y moral cristiana que prefigura la contrarreforma española. Uno de los signos distintivos de la retórica lascasiana es precisamente la fuerza y la viveza propia del "predicador de la verdad", que como él afirma "debe ganarse el ánimo de sus oyentes; debe hacerlos benévolos, dóciles y atentos; debe instruirlos, deleitarlos y convencerlos" (*Del único modo* 95). Como vemos, en la *Historia* el uso de la retórica no queda limitado a su uso para enseñar la fe cristiana. El *genus grave* cristiano del renovado sentir de San Agustín deja su huella en los densos y apasionados tratados y discursos.[30] Las Casas, como preceptista, exhorta al estudio y la práctica de la retórica para la conversión voluntaria por medio del diálogo y la enseñanza de las verdades del dogma. Claro está que Las Casas, denuncia la preocupación por el ornato de los historiadores humanistas que utilizan la retórica sofística para promover la conquista. Por eso, él insiste en el sentido de responsabilidad de enseñar con la verdad, con una filosofía y una ética centradas en la racionalidad, la dignidad y la libertad humana.

Fig. 3 Cristóbal Colón en su llegada a las Indias en La América

Theodore De Bry (1594)
Strozier Library Special Collections, Florida State University

Capítulo III

Principia biographica:
Las Casas y el pleito colombino

Los textos colombinos han sido objeto de intenso escrutinio crítico desde poco antes y después de 1992. Si hay algo que ha quedado claro con las ediciones realizadas por Consuelo Varela (1982), la traducción al inglés del *Diario* de Oliver Dunn y James E. Kelley (1989) y los estudios críticos que han seguido es que la relación del primer y el tercer viaje que conocemos tiene que leerse considerando la intervención editorial de Bartolomé de las Casas.[1] Además de rescatar con su propia edición sumaria los textos fundacionales que se conocen como los *Diarios* del primer y del tercer viaje, el dominico realizó un acto de reinvención biográfica de Colón que se ha convertido en una de las fuentes fundamentales de la historia colombina. Al hacerlo, Las Casas aplicó los procedimientos textuales y lingüísticos que tan bien conocía para ubicar a Cristóbal Colón dentro del esquema de la historia cristiana de la salvación. La biografía de Colón que encontramos insertada en la *Historia de las Indias* tiene tres posibles lecturas: primero, una lectura apologética que responde a la historiografía oficial sobre Colón y que considera el contexto de los pleitos colombinos para refamiliarizar al lector con el *ethos* heroico y el carácter moral y sicológico del Almirante; segundo, la reinvención del sujeto extranjero de orígenes oscuros cómo héroe mesiánico; y, tercero, la biografía como confirmación del estado natural y moral de los pueblos amerindios a la llegada de los españoles.

Con estas lecturas en mente, me interesa explorar cómo la insistencia en ofrecer "la verdad", en este caso, biográfica, se convierte en una figuración retórica que, siguiendo las reglas de la verosimilitud, reconstruye textualmente la vida del sujeto colombino para responder a cada una de las acusaciones del famoso fiscal Villalobos, los enemigos de la familia Colón y la historiografía oficial. Propongo que la intervención biográfica tiene que atribuirse a una doble urgencia, legal y personal, del sujeto enunciador que opera en dos direcciones mutuamente convenientes: por un lado, el discurso colombino confirma la naturaleza del sujeto amerindio como salvaje noble y la visión de América como un espacio providencial para la creación de un nuevo reino cristiano y, por el otro lado, la reconstrucción biográfica de Las Casas reivindica al Almirante y contribuye en la defensa de las concesiones que le había hecho la Corona. La vida-texto de Colón tiene que leerse, obligatoriamente, desde esta doble perspectiva pragmática e intencionada que abraza las convenciones de la hagiografía medieval, la canción de gesta, la tradición de espejo de príncipes y las modalidades de la deposición legal.[2]

LA BIOGRAFÍA DENTRO DE LA HISTORIA

El género "lateral" de la biografía es difícil de caracterizar, más cuando nos acercamos a textos renacentistas que le dan continuidad a los ideales del civismo humanista y que usan los lugares comunes y las estructuras argumentativas de textos clásicos como los de Plutarco, Suetonio y las hagiografías medievales.[3] Los humanistas vieron la biografía como una rama de la historia, diferenciada del *encomium* cuyos procedimientos narrativos estaban fuera del análisis literario. Estos procedimientos que envuelven la búsqueda de evidencia, selección y ordenación cronológica se equipara al proceso de escribir una historia (Zimmerman, "Paolo Giovio" 40). La frecuente inserción biográfica en los tratados políticos, las crónicas y los memoriales humanistas ofrece un contexto vasto para estudiar discursos que apuntan claramente al problema de la verdad a través de la identificación en la historia de modelos de virtud y acción.[4] Timothy Hamptom ha señalado que el uso retórico de los modelos ejemplares sobrevive la caída del humanismo aristocrático de inicios del Renacimiento para enlistarse en las nuevas ideologías ortodoxas de la segunda mitad del siglo XVI (*Writing from History* 7). Esto precisa considerarse, dentro del contexto cultural hispánico al tener una función vital en la agencia moral y política, ya sea imperial o anticolonial.

Con una clara postura teórica postestructuralista, Thomas Mayer, D.R. Woolf, Ira Nadel y William H. Epstein han coincidido al subrayar la importancia de la agenda personal o política que subyace y domina el orden y el material biográfico.[5] Nadel ha explorado cómo el lenguaje y la narrativa alteran el discurso biográfico de los eventos y lo transforman en texto interpretativo. Él utiliza las propuestas de Clifford Geertz sobre la interpretación de las culturas como textos semióticos para vincular la biografía con problemas críticos de más trascendencia cultural que se conectan y se yuxtaponen a los códigos culturales y el poder: "But language, as a social discourse, and culture, as a communal process of negotiation and exchange leads to understanding biography not in terms of defining individual achievement or personality but as the participation in, and articulation of, the discourses of culture" (74). Según Epstein, los discursos biográficos descansan en un lugar intersticial "between objectivity and subjectivity, body and mind, self and other, the natural and the cultural, fact and fiction, as well as many other conceptual dyads" (Introduction 2). El campo de los estudios biográficos no ha perdido de vista la dialéctica "vida-texto" sostenida por las teorías de representación para explicar la construcción de una poética biográfica.

Hay que considerar que el discurso biográfico que se desprende de la práctica literaria medieval para la educación de príncipes, la canción de gesta y la hagiografía dan pie a una concepción ideal del ser humano adaptada a valores hegemónicos dentro del contexto expansionista renacentista. Mayer y Woolf en la introducción a *The Rhetorics of Life-Writing in Early Modern Europe* señalan:

> Early modern life-writers were not engaged in the study of past and present persons for the sake of advancing 'pure' historical scholarship and its methods, nor were they intent on establishing biography as a kind of master genre. In virtually every case, the artist or author came to his or her subject with a mind far from neutral or uncommitted, with some fixed ideas both as to what should be written about the subject and the points to be derived therein by the reader or spectator. (4)

En el primer libro de la *Historia de las Indias* la narración de los eventos de la primera década de la presencia española en el Nuevo Mundo se desliza hacia las hazañas y las "caídas" de Colón. Con esto se revela una imaginación e intuición autorial del historiador/biógrafo que comprende y se identifica con las acciones y las decisiones del sujeto biografiado. Al nivel de la estructura de la narración, resalta la dimensión fragmentada que recicla relaciones, documentos legales, cartas y los diarios de navegación rescatados como contrapunto de la experiencia misma de Las Casas que llega al Nuevo Mundo en 1502 y mantiene una estrecha relación con Diego Colón y el resto de la familia.[6]

El narrador tiene que darle orden, forma e interpretación a los documentos y a los datos que posee de los primeros años de la colonización. La alteración de la cronología y la interrupción con innumerables digresiones, se excusa en un comentario que alude a sus propios esfuerzos y trabajos:

> Y porque en esta tan difusa y general historia hobo muchas interpolaciones y pasaron muchos años, en los cuales se interrumpía, por las inmensas y continuas ocupaciones que dentro y fuera de la celda me ocurrieron, por cuya causa, algunas cosas escritas en los dos capítulos precedentes, que convenía hacer mención, y de los capítulos y lugares donde este tercero y en los demás, por ventura se podrán trastocar, poniendo en un lugar lo que debiera poner en el otro por ende los benívolos lectores, aunque culpen la memoria, topando con este defecto, pasen adelante a recibir noticia de la verdad, que aquí dárseles pretende, de la cual se ha tenido más cuidado que de afeitar ni endulzorar palabras y ni ocupar papel para cumplimientos que no pasan de la superficie. (II: 432)

La aparente desorganización que prevalece a través de toda la *Historia* es sumamente coherente si consideramos el proyecto ideológico y persuasivo que domina su estructura profunda. La narración histórica utiliza la retrospección, los capítulos sumarios, la interpretación, la anticipación y la simultaneidad de acciones. Uno de los mejores ejemplos de esta aparente falta de orden es la narración casi simultánea de finales del primer libro. Ésta salta entre dos escenarios al narrar paralelamente lo que le sucede a Colón mientras se encuentra en España y los levantamientos de Francisco Roldán y de sus seguidores en La Española. Esta narración simultánea causa un efecto de anticipación de "la caída" de Colón por culpa de los colonizadores que representaban la monarquía española. Tomando en consideración los planteamientos de White sobre la escritura como proceso de "emplotment", se puede sugerir que la estructura narrativa tiene que considerarse en la lectura e interpretación del significado y de la intención revelada entre líneas. Como consecuencia, se convierte el historiador en narrador multifacético de una historia "alegórica" que cumple con los preceptos persuasivos y pedagógicos de la preceptiva historiográfica renacentista.

La dimensión dramática de la vida colombina queda plasmada en las anécdotas y los diálogos que sirven de evidencia y proporcionan el realismo necesario para representar al protagonista dentro de la historia trasatlántica y la complejidad jurídica que domina la selección de los eventos de la narración. Estos subtextos cuidadosamente seleccionados evidencian tres categorías éticas fundamentales del discurso biográfico renacentista: la devoción religiosa, la virtud moral y la sabiduría. La convergencia de historia y biografía en la narración de los eventos históricos alrededor de la vida de Colón, contribuye a la edificación de un héroe cuya refamiliarización se sujeta al canon literario renacentista. Este proceso también forma parte de ese espacio textual de debate que relocaliza la autoridad y los procesos de legitimar las acciones.

EL PLEITO COLÓN

Las Casas escribía la *Historia de las Indias* durante las décadas más controversiales del pleito de los herederos de Colón ante la monarquía española. Si bien la controversia se inició temprano en 1508, el pleito continuó hasta 1564. [7] Las Capitulaciones de Santa Fe, firmadas el 17 de abril de 1492, le otorgaban a Cristóbal Colon los títulos y los derechos hereditarios de "Almirante, Virrey y Gobernador General de las Indias". Antes de su muerte, ya Colón había tomado pasos fundamentales en la defensa de sus privilegios y la de sus herederos. Al preparar su tercer viaje, él reúne todos los documentos y la correspondencia entre él y los Reyes, los encuaderna y los denomina el *Libro de los privilegios*, texto ampliado después de su triste regreso del tercer viaje y antes de salir en el cuarto y último viaje.[8] Colón trató por todas las vías de aplicar la ley y para esto dependió enormemente de amigos y familiares cercanos: su hijo Diego, a quien nombró maestro de campo; su hijo menor, Fernando; el ayudante administrativo Alonso Sánchez de Carvajal; y su hermano, Bartolomé. Años más tarde, inmediatamente después de la muerte de su padre, Diego Colón, inició el pleito por los derechos de su familia al someter en 1506 la probanza del testamento de su padre poco después de su muerte.[9] En 1508 se presenta el caso ante las cortes españolas y López Conchillos firma la cédula real que designa a Diego Colón como el segundo almirante, gobernador y virrey de La Española. Sin embargo, el título que le habían restituido era de índole honorífica, puesto que le habían suprimido las responsabilidades de gobierno, cediéndoselas a otros oficiales más cercanos al trono (*Historia* II: 365).

La *Historia* establece claramente la relación personal que tuvo Las Casas con la familia, especialmente con los dos hijos Diego y Fernando, éste último, asesor de la familia durante el proceso de apelación y compilador de todos los documentos colombinos. En La Española, Las Casas conoce a Diego, quien presencia la misa que inicia la labor sacerdotal del fraile dominico. Los debates legales que surgieron como consecuencia de la negación de los privilegios que le concedían las Capitulaciones de

Santa Fe a los herederos de Colón motivaron la producción de un vasto cuerpo historiográfico y literario que articulaba claramente una posición política ante las demandas de los herederos.[10] Por un lado, tenemos a Las Casas y a Fernando Colón con una doble agenda política y personal liderando la defensa de Colón y por el otro, los historiadores oficiales López de Gómara y Fernández de Oviedo con las nuevas versiones de los eventos y de la vida de Colón que apoyaban las intransigencias de la Corona.[11]

Es interesante que en Italia Colón gozó de una popularidad fundada en el orgullo nacional. Los historiadores de la segunda mitad del siglo XVI como Paulo Giovio, Giovani Battista Ramusio y Girolamo Benzoni trataron a Colón como el gran héroe de la empresa descubridora.[12] Entre los italianos, Benzoni es el historiador que interpreta la conquista española desde una perspectiva hostil de la que no se salvan ni los indígenas, ni Las Casas, a quien considera inepto y ambicioso (García Cárcel 236).

Influido por la tradición establecida por Eusebio, Las Casas inserta en la *Historia de las Indias* documentos oficiales y "probanzas" que fueron presentadas ante el fiscal Villalobos durante el largo proceso en las cortes. Las anécdotas y los eventos de la vida de Colón sacadas de documentos o entrevistas que se compilan para la *Historia* se juxtaponen a los documentos legales que documentan el proceso, presentan evidencia y responden a las preguntas más controversiales que salieron a la luz durante las primeras dos décadas del pleito. Para rectificar la versión oficial de la historia y remediar la reputación de Colón, Las Casas tiene que desarrollar tres aspectos: rectificar lo dicho y traer a la luz lo que se ha silenciado, reivindicar al Almirante con una representación de Colón como héroe triunfante y, sobre todo, justificar las acciones y las palabras de Colón que fomentaron los sistemas de explotación indígena.

En "la vida-texto" de Colón encontramos que lo narrable va a estar legitimado por los datos que exclusivamente Las Casas y Fernando Colón poseen y comparten, aunque las versiones que ofrecen sean diferentes. En más de una ocasión Las Casas ataca a Fernando por olvidar detalles que pueden ayudar en la defensa de su padre. Hay que recordar que Las Casas escribe y hace revisiones a la *Historia* después de que muere Fernando en 1539, así que la escritura de Las Casas sobre Colón se tiene que leer también como un comentario y una ampliación del texto de Fernando Colón, además de ser una rectificación de las opiniones de Fernández de Oviedo, quien también se ocupa de la vida de Colón.[13] Las Casas tuvo libre acceso a la biblioteca Fernandina/Colombina y manejó la copia autógrafa de la vida de escrita por Fernando, de la cual traslada fragmentos en su totalidad.[14] Los archivos y los libros estuvieron en el convento de San Pablo entre 1544 y 1552, lo que le permitió a Las Casas visitar la biblioteca en su largas visitas a Sevilla (Varela x).

El problema de establecer la autoridad cultural y el derecho al patronazgo de Colón queda resuelto en la *Historia* en la reiteración de la documentación que ha reunido y el privilegio de usar los archivos de Fernando Colón. Él hace referencia a los documentos que posee: "El proceso que alego que hobo entre el fiscal del Rey y el segundo Almirante, hallarse ha, si menester fuere, con mis escrituras, en un libro encuadernado, en el Colegio de San Gregorio que en Valladolid está" (II: 213). Además, recalca que tuvo a su disposición el arsenal de los textos leídos y anotados por el Almirante, su correspondencia y, específicamente, las cartas y el mapa del geógrafo florentino Paolo Toscanelli. Este comentario establece otro debate que no tiene nada que ver con la vida de Colón, sino con el problema de la autoridad y los procesos de escribir historia: quién posee la evidencia, el carácter y la dignidad moral para escribir y, sobre todo, quien tiene la experiencia para verificar los hechos.

Desde el principio de la *Historia* se revela la importancia de la ejemplaridad para presentar un modelo de heroísmo, virtud moral y de acción política. Este momento textual es parte de un proceso hermenéutico que envuelve al lector en un redescubrimiento de quiénes son las figuras ejemplares del descubrimiento y cuál es la verdadera riqueza que las nuevas tierras ofrecen a la Corona española. Como ya se ha señalado, la biografía española premoderna "posee un alto valor como testimonio de los ideales de vida vigentes en la España de entonces" (Romero 115). Entonces, la biografía, en función de la historia, funciona como instrumento didáctico al ejemplificar la virtud pública y privada y apelar al lector con modelos de comportamiento moral y político que, en última instancia, son instrumentos retóricos del proceso de formación del lector (Hampton, *Writing from History* 4).

El perfil moral e intelectual de Colón se entronca en un arquetipo literario que parte de una discusión del origen, el linaje y la descripción del cuerpo físico y la personalidad del sujeto biografiado. En cuanto a esto, es difícil establecer una diferencia entre los discursos de Fernando Colón y Las Casas, ya que ambos utilizan los mismos procedimientos retóricos inspirados en el modelo de las *Vidas* de Plutarco, texto que se encontraba en la biblioteca colombina. El esquema de Plutarco comienza con una discusión del origen ancestral, el nacimiento y los primeros años de trabajo del sujeto biografiado para comentar el carácter que ilumina los vicios y las virtudes de los líderes o los sujetos de interés público.[15] Las Casas, quien cita a Plutarco como fuente de autoridad, apropia sus estrategias al incorporar las anécdotas personales que resaltan la dimensión panegírica o encomiástica del discurso biográfico.

Una de las anécdotas más dramáticas que ejemplifica "la majestuosidad, fortaleza, y magnanimidad" del Colón/héroe es el episodio de regreso del primer viaje a la corte de los Reyes Católicos:

> Entró, pues, en la cuadra donde los reyes estaban acompañados de multitud de caballeros y gente nobilísima, entre los cuales, como tenía grande y autorizada persona, que parecía un senador del pueblo romano, señalaba su cara veneranda, llena de canas y de modesta risa, mostrando bien el gozo y gloria con que venía. Hecho grande acatamiento primero, según a tan grandes príncipes convenía, levantáronse a él como a uno de los señores grandes, y después, acercándose más, hincadas las rodillas, suplícales que le den manos; rogáronse a se la dar, y besadas con rostros letísimos, mandáronle a levantar, y lo que fué suma de honor y mercedes de las que Sus Altezas solían a pocos grandes hacer, mandáronle traer una silla y asentar ante sus reales presencias. (I: 333)

Colón se convierte en el verdadero protagonista y centro prominente de la acción dramática. Después de escuchar la relación de Colón "levántanse los católicos y devotísimos príncipes, y hincan las rodillas en el suelo juntas, y, alzadas las manos, comienzan a dar de lo íntimo de sus corazones, los ojos rasados de lágrimas, gracias al criador" (I: 334). En este fragmento vemos cómo el gran tema de "la verdad histórica" está matizada por una conciencia del arte literario o acto de reinvención de los eventos para que el lector visualice la experiencia de la entrada de Colón "que parecía un senador del pueblo romano" en la corte, después de su largo viaje.

El canon de la preceptiva historiográfica y retórica renacentista establece que el *narratio* es la exposición discursiva de lo que ha acaecido o puede acaecer. Esto le ofrecía a los historiadores y los biógrafos la libertad de presentar el material narrativo con diálogos y discursos, además de rescribir las fuentes primarias con un lenguaje apropiado para los fines que perseguían. Como veremos, Las Casas que conocía bien los textos de la preceptiva renacentista usa "la licencia historiográfica" para apelar a la conciencia del destinatario. Los eventos que se reproducen dan pie al discurso moralizante de "la verdadera historia espiritual" de corriente neoplatónica, pauliniana y joaquinita. En la conclusión de este capítulo se evalúan los eventos de 1492 y se indica que el descubrimiento:

[. . .] a muchos dellos en cualidad y cantidad excedió, porque iba muy fundado y comentado en la honra y gloria del divino nombre y del mucho aprovechamiento y dilatación que se esperaba de la sancta fe católica y de la conversión del infinito número de ánimas, mucho más, cierto, que en el reino de Granada, cuanto más grande y extendido es este Nuevo Mundo, que la poca cantidad y límites tan estrechos que contiene aquel reino y chico rincón [. . .]. (I: 335)

Este comentario que cierra la detallada descripción de la entrada de Colón en la corte adelanta un tema fundamental de la historiografía misionera barroca como la *Corónica moralizada de la Orden de San Agustín en el Perú* de Antonio de la Calancha y la *Historia eclesiástica indiana* de Jerónimo de Mendieta, textos que al comparar la conquista militar a la evangelización, privilegian la conversión de los pueblos amerindios como el mayor milagro que ha acaecido en España.

Los modelos de la épica medieval y la canción de gesta ofrecen un paradigma para representar a Colón como caballero y soldado cristiano cuya verdadera nobleza reside en las acciones de heroísmo y virtud moral. De acuerdo a Las Casas, "las mercedes" que pidió Colón iban encabezadas por la petición de títulos de hidalguía: "Primeramente, que le honrasen armándole caballero de espuelas doradas, y que se pudiese llamar Don Cristóbal Colón, él y sus sucesores" (I: 149). Las Casas detalla la ceremonia en la cual el Rey lo arma caballero antes de que Colón salga en su primer viaje. Sin embargo, podemos señalar que si la escritura es una metáfora, es Las Casas quien ejecuta el acto de armarlo caballero con la narración de las acciones ejemplares de su protagonista que justifican los títulos que le fueron otorgados a Colón. No es hasta que Colón da con el continente americano que Las Casas comienza a llamarlo con el título de Almirante: "De aquí en adelante será razón de hablar de Cristóbal Colón de otra manera que hasta aquí, añadiendo a su nombre el antenombre honorífico, y su dignísima persona la prerrogativa y dignidad ilustre, que los reyes tan condignamente le concedieron" (I: 200). Esta estrategia se utiliza solamente en dos ocasiones en la *Historia*, primero con el título de almirante de Colón y en el tercer libro donde la narración de los eventos se desliza al discurso autobiográfico.

Los ejemplos de heroísmo que se reiteran en la historia, también tienen que leerse a la luz de las opiniones y los alegatos más polémicos que presentó el fiscal Villalobos en la corte para defender los derechos de la Corona. La evidencia que se presentaba mostraba un Colón cobarde y oportunista, imagen que lo disminuía ante Martín Alonso Pinzón y Vicente Yáñez. Las Casas, para contradecir estas opiniones, subraya la osadía de su protagonista cuando se lanza a lo desconocido y sigue adelante sin importarle el peligro y la insubordinación que existía entre la tripulación. El heroísmo y la nobleza del espíritu se reconocen a través de la abrumadora cantidad de acciones que demuestran la ejemplaridad de Colón que lo distingue de aquellos que lo rodean. El biógrafo interviene constantemente con unos juicios subjetivos como "todos los días que vivió fueron llenos de peligros" o "nótese la gran constancia y fortaleza de ánimo de Cristóbal Colón". En los momentos más difíciles, "el héroe cristiano" arriesga su vida por salvar a los tripulantes:

> El mozo sintió el gobernario tocar en el bajo y oyó el sonido de la mar, y dió voces, a las cuales levántose primero el Almirante, como el que más cuidado siempre tenía, y fué tan presto, que aún ninguno había sentido que estaban encallados [. . .]. Antes que los unos y los otros llegasen, desque vido el Almirante que huían dejándole en tan gran peligro, y que las aguas menguaban y la nao estaba ya con la mar de través, no viendo otro remedio, mandó cortar el mástel y alijar de la nao todo cuanto pudieron, para la alivianar y ver si podían sacarla [. . .]. El Almirante fué a la carabela para llevar y salvar la gente de la nao. (I: 277-78)

La dimensión épica es el eje central en la representación de las acciones ejemplares que despiertan el asombro en el lector ante los riesgos y peligros que enfrentaba el primer Almirante al cruzar el Mar Tenebroso. La estética biográfica se deja regir por el *decorum* y la verosimilitud para demostrar la virtud y estimular a "las grandes hazañas". Los episodios narrativos que se intercalan en la historia demuestran una libertad transgresora de las reglas aristotélicas de tiempo y lugar que debe mantener el sujeto enunciador para construir un discurso biográfico constituido con fragmentos casi novelescos que además de enseñar, entretienen al lector.

Es a través de las anécdotas y de estos episodios altamente literarios que se manipula la reputación y se establece "la verdadera" nobleza del comerciante genovés. La cuestionada ascendencia de Cristóbal Colón se trata desde el principio para revelar un modelo de acción que disminuye la importancia de la nobleza heredada: "Sus padres fueron personas notables, en algún tiempo ricos [. . .] otro tiempo debieron ser pobres por las guerras y parcialidades que siempre hubo y nunca faltan [. . .]. El linaje suyo dicen que fué generoso y muy antiguo" (1: 28).[16] Este *amplificatio* que apunta al texto de Fernando Colón responde a las revelaciones del origen humilde de la familia Colón que el dominico genovés Agustín Giustiniani reitera en su crónica genovesa, *Castigatissimi Annali* (1537).

Esto ya Giustiniani lo había señalado en 1517 en una nota de su Biblia políglota (Fernando Colón 13).[17]

El discurso sobre el linaje y la nobleza de Colón se convierte en un aspecto secundario en la *Historia*. El modelo de acción colombino registra que la verdadera nobleza se tiene que juzgar por las obras, o sea, la virtud y los esfuerzos del individuo en el ámbito político y social.[18] Esto nos presenta el primer dilema antiaristotélico de la historia, ya que se redefinen las cuatro causas de la nobleza a las que el filósofo se refiere: riqueza, herencia, virtud y ciencia. En la *Historia de las Indias* se le da paso a un modelo agencial y a una constitución del ser diferente basados en las obras de "virtud y ciencia" y la grandeza del espíritu. Esto establece una compleja relación entre el cuerpo del biografiado, sus "obras" y lo sagrado. La representación del cuerpo es literalmente un "pre(texto)" que legitima al historiador/biógrafo como intercesor del sujeto biografiado. Esto es fundamental en la elaboración del sujeto colombino que manifiesta claras señales de divinidad. Según Las Casas, "él es quien es", pero el linaje antiguo y noble de Colón y su persona exterior no es lo que define el modelo ejemplar, sino el carácter, las acciones y decisiones del sujeto:

> En las cosas de la religión cristiana sin duda era católico y de mucha devoción; cuasi en cada cosa que hacía y decía o quería comenzar a hacer, siempre esto anteponía: "En el nombre de la Santa Trinidad haré esto o verná esto" [. . .]; en cualquiera carta o otra cosa que escribía, ponía en la cabeza: Iesus cum María sit nobis in via"; y destos escritos suyos tengo yo en mi poder al presente hartos. (I: 29)

Los adjetivos son predecibles si pensamos en el catálogo de virtudes que deben moldear el retrato del héroe o del príncipe. Las cuatro virtudes cardinales del *idearium* caballeresco (prudencia, justicia, temperancia e fortaleza) están presentes en el retrato literario de Colón. El historiador tiene que legitimar su selección de Colón, extranjero de familia no conocida, como héroe de la empresa descubridora. El retrato se justifica con la narración de aquellos pasajes de la vida de Colón que confirman el *ethos* heroico de caballero cristiano:

> Fué varón de grande ánimo, esforzado, de altos pensamientos, inclinado naturalmente, a lo que se puede colegir de su vida y hechos y escrituras y conversación, a acometer hechos y obras egregias y señaladas; paciente y muy sufrido [. . .] perdonador de las injurias, y que no quería otra cosa según dél se cuenta, sino que conociesen los que le ofendían sus errores y se le reconciliasen los delincuentes [. . .]. (I:30)

El cuadro se completa con una reflexión sobre el hombre de "alto juicio, de gran memoria y de vehemente aficción [. . .] docto en geometría, cosmografía, geografía, astrología o astronomía y marinería" (I: 31). Para demostrar su opinión, Las Casas discute los textos leídos y encontrados en la biblioteca Fernandina y hace un extenso comentario panorámico, de varios capítulos, que apunta a toda la evidencia sacada de las lecturas y de la investigación que incluía entrevistas a navegantes. Las Casas también interpreta las cartas marítimas y los nuevos mapas que reconfiguraban constantemente el espacio geográfico. Al igual que Fernando, él quiere probar que Colón poseía el dominio intelectual para planificar y emprender exitosamente la jornada del descubrimiento. La discusión de la erudición del sujeto biografiado es un procedimiento básico de la escritura de vidas, pero además, es parte de la documentación que responde a las opiniones de los detractores de Colón.

Gómara, quien anuncia que "Colón no era docto", pone en tela de juicio los conocimientos en cosmografía atribuidos al Almirante. Subraya que éste consultaba con "hombres instruidos" para conocer las historias y tratados de la antigüedad. Las Casas refuta a Gómara y sostiene que Colón tenía toda la evidencia en sus manos para creer que encontraría las Indias navegando hacia el poniente. El desarrollo de este argumento es una oportunidad de Las Casas para desviar la atención a su propia erudición que queda desplegada en los comentarios críticos de textos antiguos como los comentarios de Platón sobre la desaparecida Atlántida y los versos proféticos de Séneca.

El capítulo de la *Historia de las Indias* de Gómara titulado "¿Quién era Colón?", resalta que éste no fue el verdadero descubridor de las Indias: "nunca pensó tal cosa hasta que tropezó con aquel piloto español que por fortuna del mar las halló" (I: 30). Gómara afirma que la idea de navegar hacia el oeste era de un navegante desconocido que había llegado a las Indias por accidente. La teoría fue ampliamente difundida entre los enemigos de Colón que, al igual que Gómara, afirmaban que el Almirante se sirvió de los infortunios de este piloto. Las Casas responde a este "primer descubrimiento de las Indias" de una manera ambivalente: "pero en la verdad, como tantos y tales argumentos y testimonios y razones naturales óbviese [. . .] muchos menos de los dichos fuesen bastantes, bien podemos pasar por esto o creerlo o dejarlo de creer, puesto que pudo ser que nuestro señor lo uno y lo otro le trujese a las manos" (I: 72).

Como hemos visto, la construcción del retrato de Colón está mediatizada por los temas de las deposiciones del juicio y las opiniones divulgadas en la historiografía oficial. Es interesante que los procesos retóricos y hermenéuticos que acomodan toda la información siempre regresan al mismo punto de partida, o sea a la actitud para responder, aclarar y reivindicar a Colón. Sabemos que la familia Pinzón, representando a Martín Alonso y Vicente Yánez, tomó parte del proceso legal al buscar la restitución por sus trabajos a nombre de la Corona. La intervención de Las Casas sobre el papel que juegan los Pinzón en el pleito es una referencia directa a los procesos legales que confirma su profundo interés en los problemas de la familia Colón. Él cita de la probanza que "parece grandísima falsedad" que afirmaba que el Almirante se quería volver arrepentido y, más aún, que Martín Alonso había descubierto el oro. Luego afirma esto: "porque yo mismo he visto las preguntas del interrogatorio quel fiscal hizo a favor del fisco" (I: 297). Después señala que preguntas importantes no fueron contestadas: "se quedaron desiertas, solas y puras, sin que algún testigo depusiese dellas" (I: 297).

Por medio de la escritura, Las Casas toma parte en el pleito y contesta a las preguntas y aclara las contradicciones que presenta el testimonio de los Pinzones. Según Las Casas, los marineros le prestaban más atención a las órdenes de los hermanos Pinzón porque eran ricos y "principales de la Villa de Palos y muy emparentados" mientras que el primer Almirante era un desconocido extranjero (I: 297). Este argumento que va a utilizar reiteradamente es fundamental en la apología de Colón y lo coloca en una posición de víctima y marginado social con la que se identificará el sujeto enunciador en el tercer libro de la *Historia*.

Américo Vespucio, de igual forma, ofende a Colón cuando se atribuye el descubrimiento del continente. Las Casas afirma que Colón había llegado a la región del Paria mucho antes que Vespucio y que había señalado que las zonas exploradas eran tierra firme: "Cierto usurpan injustamente al Almirante la honra y honor y privilegios, que por ser el primero que con sus trabajos, sudores y industria dió a España y al mundo el conocimiento desta tierra firme [. . .]" (II: 36).[19] Este evento de trascendencia legal para los herederos de Colón se elabora para afirmar que el viaje de Alonso de Ojeda, en que iba Vespucio como piloto y experto en cosmografía, se realiza después de que llegan noticias a España de las exploraciones de Colón en las costas de la tierra firme. Según Las Casas, Américo Vespucio supo persuadir: "Porque como Américo era latino y elocuente, supo encarecer el primer viaje que hizo y aplicarlo a sí mismo, como si fuera él por principal" (II: 36).

Las Casas utiliza en su reivindicación de Colón las estrategias esenciales del género apologético que se definen en la literatura grecolatina. Según Ware y Linkugel, éstas son: la negación de alegatos de hechos, sentimientos, objetos y relaciones; reforzar la existencia de éstos correctamente; diferenciarlos y separarlos del contexto con que la audiencia los ha relacionado; y, hacer que trasciendan los hechos, los sentimientos, los objetos y las relaciones de los sujetos que se defienden. Además, los sujetos tienen que identificarse correctamente dentro del contexto más amplio que la audiencia ha ignorado. Con estos cuatro procedimientos se cambian las actitudes y las opiniones del destinatario (275-280).[20] Al utilizar la modalidad apologética, Las Casas manipula la visión que se tiene de Colón, de las culturas amerindias, de los religiosos protectores y defensores de los indígenas y de él mismo.

"DIOS LO BARAJÓ TODO"

El proyecto de salvación de Colón queda establecido desde el principio de la *Historia de las Indias* con el análisis etimológico de su nombre y apellidos: "Suele la divinal Providencia ordenar que se pongan nombres y sobrenombres a personas que señala [. . .]. Llamóse, pues, por nombre, Cristóbal, conviene a saber, *Christum ferens*, que quiere decir traedor o llevador de Cristo [. . .]. Tuvo por sobrenombre Colón, que quiere decir poblador de nuevo [. . .]" (I: 28). La elaboración del significado original es central en el esquema ideológico mesiánico que propone Las Casas para interpretar el devenir histórico. Este análisis reemplaza el evento divino necesario en la tradición hagiográfica, elemento que se suma a un modo de relatar que entretiene y apela a las emociones del receptor (Vitz 98). La coincidencia del significado original de su nombre y apellido con lo realizado en su vida es evidencia de que Colón fue instrumento providencial:

> [. . .] escogió el divino y sumo Maestro entre los hijos de Adán que en estos tiempos nuestros había en la tierra, aquel ilustre y grande Colón, conviene a saber, de nombre y de obra poblador primero, para de su virtud, ingenio, industria, trabajos, saber y prudencia confiar una de las egregias hazañas que por el siglo presente quiso en su mundo hacer. (I: 27)

El ideal neoplatónico que encuentra lo divino en lo humano es uno de los tópicos fundamentales de la biografía renacentista que se utiliza en la construcción del sujeto heroico y virtuoso. Ésta manifiesta una tensión entre el modelo épico y el *miles christiana* sabio, benevolente y profético de la tradición hagiográfica medieval. El significado del nombre de Colón queda confirmado por las obras: "celosísimo era de en gran manera del honor divino; cúpido deseoso de la conversión destas gentes, y que por todas partes se sembrase y ampliase la fe de Jesucristo" (I: 29). Las Casas interviene, dejando que el testimonio directo nos convenza de la fe cristiana de Colón. Según la interpretación que hace el historiador, Colón quiere propagar la fe cristiana pero tiene que confrontarse primero con la política doméstica que interfiere con su inclinación espiritual. Las Casas describe detalladamente las luchas de poder con los hermanos Pinzón, Francisco Roldán y el comendador Bobadilla como ejemplos de la lucha moral con aquellos oficiales de la Corona que preferían robar y destruir las comunidades amerindias a establecer una comunidad cristiana pacíficamente.

El momento crítico de Las Casas es cuando reconoce los errores de ese sujeto mesiánico que ha construido a través de todo el primer libro.[21] Aquí es donde mejor se revela la influencia del modelo de Plutarco que no oculta la dimensión controversial o negativa de sus sujetos. Además de "la guerra cruel" que Colón hizo a los indígenas, Las Casas subraya que Colón llevó oro a España y, para detrimento del cristianismo, estableció el tributo de los caciques para recompensar las inversiones reales. Sin embargo, él está exento de las muchas injusticias que son castigadas a la luz de la moral cristiana porque fueron motivados por las presiones externas de los consejos de la Corona. La crítica inevitable que tiene que hacer Las Casas de Colón se torna en una crítica del estado. Las Casas justifica los errores más graves de su sujeto con las preocupaciones que éste tenía de satisfacer a Fernando e Isabel. Si Colón buscaba oro y especias era para complacer a la Corona y cumplir con lo prometido: "el Almirante nunca pensaba, ni desvelaba y trabajaba más en otra cosa que en procurar cómo saliese provecho y rentas para los reyes [. . .] como hombre desfavorecido y extranjero [. . .] que tenía terribles adversarios junto a los oídos de las reales personas" (I: 207). Es obvio que el gran problema político reside en la intervención de los consejos y el séquito real. A la defensa de Colón, si él se cegó y erró, más ciegos estaban los letrados de la corte: "y porque los letrados que estaban a la par de los reyes, que eran obligados a no ignorar tan gran tiranía y abyección y perdición del linaje humano, habiéndose cometido a los reyes como cristianísimos [. . .] no alumbraron a sus Altezas de la verdad y de la justicia" (II: 73). Para establecer su crítica más severa de los consejeros, Las Casas le da continuidad a los principios erasmistas de la necesidad del buen príncipe rodeado de sabios:

> Muchas veces los oficiales de los reyes, por hacer estruendo de les servir, con perjuicio de muchos les desirven y a Dios ofenden, por lo cual

permiten que ni los reyes se lo agradezcan, y aun les hagan mal en lugar de renumerarlos; y lo peor es, que al cabo de sus días, ante Dios lo lastiman, y si los reyes lo alcanzasen, no debe dudar que no lo impidiesen y aun castigasen, porque no se presumen de los buenos príncipes que acepten por servicios las obras en que Dios se ofende y la justicia es violada con daños de terceros, que suelen ser irreparables [. . .]. (I: 178)

Las Casas, en un intento de legitimar su crítica y su función "no oficial" de consejero, expresa con un gran sentimiento nacionalista que todo lo que escribe es para el bien de su país. Compara a España con la Roma imperial y halaga en innumerables ocasiones a los Reyes Católicos antes de comenzar a señalar las faltas de su gobierno:

La poca o ninguna noticia que el rey tenía de la perdición destas gentes, asaz se sigue de lo dicho, porque cuando los ciegos guían, de los que van tras ellos, ¿qué se espera? Y así, cuando los de los Consejos de los reyes andan en tinieblas, ¡guay de los reyes! y, por mejor decir, ¡guay de los reinos! (II: 438)

Es significativo que Las Casas no acusa directamente a los Reyes de los males de las Indias. Para no ofenderlos, insulta a los consejeros y oficiales que deforman la realidad de los eventos que presentan en la corte. Hay sólo un momento en el texto en que Las Casas se dirige a "los reyes" para advertirlos de las mentiras que llegan a ellos: "¡Oh, reyes, y cuán fáciles sois de engañar, debajo y con título de buenas obras, y de buena razón, y cómo debríades de estar rescatados y advertidos de lo que estáis, y tan poco dejaros creer de los ministros, a quien los negocios arduos y gobernaciones confiáis, como de los demás!" (II: 245). Las Casas no titubea en criticar la mala selección de consejeros e historiadores. Él afirma que España fue la nación escogida para el descubrimiento de las nuevas tierras; sin embargo, por culpa de unos pocos todos tendrían que enfrentarse a la justicia divina. Esta perspectiva apocalíptica se mantiene en sus textos y enmarca muchos de los argumentos en contra de la conquista y de la guerra.

Colón queda como víctima del poder real y "mártir por la mar [. . .] de cuidados, vigilias, solicitud, temores, trabajos y angustias" (I: 364). Sin embargo, los atropellos a Colón, también eran voluntad divina: "la Providencia divina le tenía ordenado, que no sólo sus angustias y fatigas no se le acabasen, pero que de nuevo otras más duras y aflictivas y de mayores desconsuelos y menos sufribles se le aparejasen" (II: 68). Las Casas tiene la necesidad de justificar la voluntad de Dios y señala que es "ley universal" que se tengan dificultades cuando se van a realizar grandes hazañas.

En el estudio de la narración del tercer viaje, Margarita Zamora arguye, acertadamente, que la jornada es indicativa del *imitatio Christi* "carried out not only in the name of Christ but in the same evangelical manner of travel undertaken by the savior himself" (97). En la vida de Colón que nos presenta Las Casas, vemos cómo se retoma la visión que tiene Colón de él mismo. El Cristo comprometido con la salvación de España se glosa en una narración que acomoda todas las circunstancias e incorpora los episodios que justifican al protagonista como víctima, héroe trágico, a manera de *imitatio Christi*. Las Casas confirma que Colón es el escogido indiscutible de Dios para el descubrimiento y la conversión de la humanidad amerindia. Con esta transformación vemos cómo se desliza la narración épica a un discurso trágico justificado con San Lucas " 'Necesario fue Cristo padecer, y así, por pasión, entrar en su propia gloria' " (I: 187). De acuerdo a la versión de Las Casas, Colón como guía y profeta, al igual que Cristo pagó por las culpas de la humanidad en la tierra.

El drama de la deshonra de Colón comienza con el alzamiento de Francisco Roldán en La Española y tiene su punto culminante cuando el comendador Bobadilla le pone los grillos y lo envía para España quitándole todas sus pertenencias. El narrador recrea los detalles del martirio del Almirante:

> Y lo más amargo y más doloroso que sacarle los ojos sintió y con razón, fue el sobresalto y angustia, que cuando de la fortaleza, le sacaron, para llevarle al navío, creyendo que le sacaban a degollar, rescibió. Y así, llegando Alonso de Vallejo, un hidalgo, persona honrada, de quién luego más se dirá, a sacalle y llevalle al navío, preguntóle con rostro doloroso y profunda tristeza, que mostraba bien la vehemencia de su temor: 'Vallejo, ¿dónde me lleváis'; respondió Vallejo: 'Señor, al navío va vuestra señoría a se embarcar';repitió, dudando el Almirante: 'Vallejo, ¿es verdad?' responde Vallejo: 'Por vida de vuestra señoría, que es verdad que se va a embarcar.' Con la cual palabra se conhortó y cuasi de muerte a vida resució. (II: 190)

Las Casas compara a Colón con los héroes cristianos y con los de la historia del Imperio Romano. De la misma forma que Colón es un Cristo o un Moisés en el Nuevo Mundo, asimismo es como la figura trágica de Belisario, capitán y mártir, que con sus hazañas al servicio del Imperio romano sólo consiguió la deshonra y que le sacaran los ojos (II: 189-90).

El biógrafo se dirige al lector en su afán de convencerlo de la verdad de la vida del primer Almirante. Éste tiene una responsabilidad muy clara y urgente: "el prudente lector colegirá con más claro juicio y entendimiento muchas más y más dignas conclusiones, en singular de las que yo aquí particularizo" (I: 328). Con esto Las Casas compromete al lector a reflexionar y al mismo tiempo subraya su opinión de los sucesos. Cuando narra la forma en que Colón consiguió la aprobación de los Reyes para su primer viaje ofrece varias versiones y espera que el lector escoja, opine y enjuicie: "podrá tomar el lector la que mejor le pareciere, o de todos tres componer una, si salva la verosimilitud [. . .]" (I: 164-65).

Una de las características esenciales de la biografía sagrada es la interacción entre el autor y su audiencia que se explica en la promoción de la cohesión social y el culto a un individuo (Hefferman 18). Hay que considerar que Las Casas escribe sobre Colón en un periodo en que se está transformando el género hagiográfico de modalidad oral a una hagiografía más científica destinada a la lectura de consultas (Vitz 98). Las Casas se mantiene dentro del esquema enunciativo medieval (al igual que en la *Brevísima*) por su viveza y constante diálogo con el lector.

Las Casas se revela a sí mismo como juez y predicador por medio del *excursus* moralizante y de los sermones que dirige para que el lector tome conciencia de los pecados de su pasado y los de su nación. Sin embargo, su interpretación no se queda en la representación o en la función del historiador como ordenador del rompecabezas de una vida. La historia es una estructura simbólica en función de una ideológica e interpretación del horizonte cultural e ideológico del sujeto enunciador. Los mecanismos expositivos de la ficción se utilizan para alterar el significado los eventos. Al utilizar convenciones de la forma arquetípica de la épica y de la tragedia se idealiza la figura de Colón. Los momentos dramáticos recogidos en la vida-texto demuestran el carácter ejemplar y trágico. En ellos vemos cómo el narrador dramatiza momentos de gran angustia para el Almirante al convertir la biografía en narración trágica de los procesos históricos.

TRANSFERENCIA DE "ALGÚN PLACER GRANDE"

La rescritura de la vida de Colón es un instrumento esencial para Las Casas. Las obsesiones del protagonista, la visión primigenia e inocente se revalida y se exalta en el testimonio. El perfil humanista que sostiene el argumento lascasiano de la buena predisposición que tienen los indios para la doctrina cristiana se confirma con las palabras que el Almirante enuncia para describir a los indígenas: "la bondad natural, simplicidad, humildad, mansedumbre". La representación de Colón como agente imperialista en busca de fama y fortuna queda anulada por la imagen del príncipe cristiano en el Nuevo Mundo:[22]

> [. . .] estas son todas sus palabras, y en verdad dignas de mucha consideración, porque llenas son de prudencia y de verdad y testigos de pecho harto virtuoso y de muy recta intuición y hiciera grandes cosas y fruto inestimable en estas tierras, si no ignorara que estas tierras no le debían nada a él ni a otra persona en el mundo sólo porque las descubrió, aunque casi atinaba y confesaba el fin de haber podido jurídicamente volver acá, que no era otro que el bien destas gentes, salud y conversión [. . .]. (II: 86)

Según Leon Edel, el problema fundamental de la práctica biográfica es la transferencia que se manifiesta en el inconsciente. Él define este problema como la identificación y la lucha emocional constante entre el biógrafo y su sujeto, lo que se revela y se esconde, donde termina la vida de uno y comienza la del otro: "When a biographer identifies with the subject, the emotions are bound to be more intense, and the result is the blindness that resides in idealization" (69). En el acto de escribir la vida de Colón notamos que, si bien, Las Casas defiende hasta la saciedad a Colón, la experiencia del biógrafo y su presente tienen más fuerza que el pasado del sujeto. Las experiencias en Cuba y en La Española expanden, confirman o refutan las afirmaciones de Colón, subordinando el sujeto del enunciado al de la enunciación. Con estas tensiones y el triunfo final del biógrafo, la biografía se convierte en máscara de una autobiografía.

Las Casas declara que Colón vino a poblar "aquella triunfante ciudad del cielo" indescriptible para ambos sujetos de la *Historia*. Las Casas enfatiza el encanto que siente Colón por las nuevas tierras e identifica la impresión que le causa esta "maravilla" con la imposibilidad de narrar lo que encuentra a su paso: "E iba diciendo a la gente que llevaba en su compañía, que para de todo aquello que vían hacer relación a los reyes, no bastaran mil lenguas a referirlo, ni sus manos a lo escribir, y que no le parecía sino que estaba encantado" (I: 243).[23]

El "signo maravilla" indescriptible se glosa en la intervención lascasiana que completa, corrige y reinterpreta la relación de Colón. Por ejemplo, se explica la falta de comprensión que existe entre el Almirante y los indígenas con el ejemplo del vocablo "bohío", el cual utiliza Colón para referirse a la isla de La Española. Las Casas corrige y explica: "el llamarla Bohío no debía entender a los intérpretes, porque por todas estas islas, como sea toda o cuasi toda una lengua, llamaban bohío a las casas en que moraban [. . .]" (I: 304). La justificación de las visiones fabulosas es atribuida a este mismo problema de comunicación lingüística. Para darle fuerza a esta justificación, Las Casas incluye los testimonios de Colón sobre las dificultades que estaba teniendo: "Y también no sé la lengua, y la gente destas tierras no me entienden, ni yo, ni otro que yo tenga, ellos y estos indios que yo traigo muchas veces les entiendo una cosa por otra, al contrario, ni fío mucho dellos, porque muchas veces han probado fugir" (I: 243). Él afirma que Colón interpretaba las señas de los indígenas de acuerdo a sus deseos: "así todo lo que por señas los indios le decían, siendo tan distante como lo es el cielo de la tierra, lo enderezaba y atribuía a lo que deseaba" (I: 224).

Una de las críticas que se le puede hacer a Todorov en *La Conquista de América*, es que ignora las contribuciones fundamentales de los primeros biógrafos de Colón en el siglo XVI y no reconoce que Las Casas y Fernando Colón fueron los primeros en comentar la influencia de las lecturas clásicas y cristianas en la empresa colombina. Las Casas refuta las identificaciones problemáticas de los seres mitológicos y legendarios señalando que "nunca tales monstruos se vieron en estas tierras" (I: 228). Las afirmaciones colombinas de la existencia de hombres de un ojo quedan completamente invalidadas bajo el reiterado argumento de la falta de comprensión que existía entre los indígenas y el Almirante: "De donde parece que ninguna o cuasi ninguna cosa les entendían, porque en esta isla, ni nunca hobo gente de un ojo, ni caníbales que comiesen hombres" (I: 240). Al afirmarse en el *Diario* del primer viaje la existencia de amazonas, sirenas y hombres de un ojo, Las Casas amplía su apología de Colón añadiendo la posibilidad del engaño: "pienso que él no los entendía o ellos referían fábulas" (I: 304).

Sería lógico pensar que uno de los problemas que tenían los herederos era la justificación de esa geografía fabulosa confirmada por Colón, no registrada en los testimonios y los nuevos mapamundis como el de Battista Agnese de 1540. Son conocidas las tensiones que existían entre Colón y Juan de la Cosa, particularmente ante la afirmación de que la isla de Cuba era tierra firme (Pastor, *Discursos narrativos* 69). Las Casas, al igual que la familia Colón, quiso darnos una explicación racional de la opinión desviada del Almirante del supuesto encuentro del continente asiático. La apología de los errores tan graves de reconocimiento geográfico se convierte en la exaltación de los deseos del Almirante de cumplir con su palabra y confirmar la erudición clásica y medieval que posee. Además de confirmar la lectura de los viajes de Marco Polo, del *Imago Mundi* de Pierre d'Ailly y de las historias clásicas que ha hecho Colón, Las Casas le atribuye la identificación asiática de las islas caribeñas a la información que le había dado Paulo, el físico florentino:[24]

> De ahí torna el Almirante a afirmar lo que muchas veces ha dicho, que
> cree que esta gente de Caniba no ser otra cosa sino la gente del Gran
> Khan [. . .]. Esta opinión tenía, y harto le ayudaba tenerla, la carta que
> traía de Paulo, físico, y la información que le había dado por sus cartas,
> como otras veces se ha referido. (I: 258)

Queda claro en el primer volumen de la *Historia* que se subordina el testimonio del Almirante en cuanto al espacio geográfico y que sirve únicamente como confirmación de las propias descripciones de Las Casas.
En otras palabras, la experiencia y las palabras del biógrafo vencen sobre
las del sujeto biografiado.

El *narratio* del tercer viaje colombino donde se afirma haber encontrado el Paraíso terrenal en la costa de la península del Paria es el momento climático en la *Historia de las Indias*. Una buena parte del libro
está dedicada a la narración e interpretación de este momento de reconocimiento. Al estudiar el *genus grave* del narrador-biógrafo de ese momento delirante del Almirante, encontramos que la afirmación de haber
encontrado la entrada al Paraíso nos puede servir para comprender la
apología de Colón tan problemática y contradictoria.

La estructura argumentativa de este encuentro está cuidadosamente
elaborada para convencer al lector y hacer que éste asuma una actitud
favorecedora de la propuesta de Colón. Se comienza con la inclusión de
la carta que le escribe Colón a los Reyes después de zarpar de Sevilla en
su tercer viaje. Esta carta, que apela a la conciencia de Fernando y su hija
Juana, presenta clara evidencia de las presiones que sentía el Almirante
de complacer a la Corona con una ofrenda extraordinaria. En la epístola
se alude a las murmuraciones de su empresa fracasada y a la insatisfac-
ción de la Corona con el oro que se había traído del Nuevo Mundo:

> Nació allí maldecir y menosprecio de la empresa comenzada en ello,
> porque no había enviado luego los navíos cargados de oro [. . .] y en es-
> to, por mis pecados y mi salvación [que] creo que será, fue puesto en
> aborrecimiento y dado impedimento a cuanto yo decía y demandaba,
> por lo cual acordé venir a Vuestras Altezas y maravillarme de todo y
> mostrarles la razón que en todo había, y les dije de los pueblos que yo
> había visto, en que o de qué se podían salvar muchas ánimas [. . .] Todo
> no aprovechó para con algunas personas, que tenían gana y dado co-
> mienzo a maldecir del negocio, ni entrar con fabla del servicio de nues-
> tro Señor, con se salvar tantas ánimas. (I: 483-84)

En la copia de la *Historia de las Indias* depositada en la Real Academia
de la Historia, en la *marginalia*, aparece una nota autógrafa de Las Casas
donde se apunta sobre "salvar tantas ánimas": "Bien creo yo cierto que se
tuvo poco cuidado y miramiento en aquellos tiempos al salvar estas ánimas, ni se tuvo esto por fin último y principal, como debiera tenerse" (I:
484). Estas notas que aparecen a través de la *Historia*, en particular
cuando se colocan al lado de las palabras de Colón, son tan importantes
como el texto mismo que se comenta. Zamora, quien ha desarrollado este
aspecto del discurso lascasiano en los márgenes del *Diario* del primer y
tercer viaje de Colón y su inseparable relación e interdependencia con la
Historia de las Indias subraya: "Unlike a typical reader's occasional un-
derscorings, Las Casas's notations reflect a consistent and coherent philosophy of reading that, in turn, as the commentary is assimilated into the
Historia, becomes a way of writing the history of the Discovery" (63).
Volviendo a este comentario marginal sobre la salvación de las ánimas
vemos cómo Las Casas glosa, basándose en su experiencia e investigación, los esfuerzos reivindicativos del Almirante.

Además de la riqueza humana que Colón suma al "botín" del imperio
español, el sujeto enunciador se refiere a "la memoria [de] hechos haza-
ñosos, que hicieron con costas y trabajos grandes y poderosos príncipes"
(I: 487). Este es el exordio a la descripción de la extraordinaria experiencia de la identificación del Paraíso terrenal en las Indias que Las Casas
rescata, edita y comenta. La narración sobre Nerón que ordenó que en-
contraran el origen del Nilo compara la admiración que siente el Almirante cuando llega a la región del Paria. Las Casas expande la relación de
Colón y la justifica con la autoridad que le confiere su propia erudición
de la literatura cristiana. Él explica que en el Paraíso se encuentra la
fuente de la que se originan el Éufrates, el Tigris, el Ganges (Pisón) y el
Nilo (Guijón). Las Casas describe dramáticamente los siete días "de calor y fuego" que son seguidos por ocho días nublados con lluvia. Se interrumpe la narración con una larga digresión sobre el origen de las perlas,
seguida por un serio ataque a Américo Vespucio. El momento crucial de
la travesía es cuando se encuentra Colón la inesperada fuente fluvial. La
cantidad de agua dulce y la fuerza del agua desconciertan al Almirante.
Según los modelos geográficos que había estudiado, la doctrina cristiana
y la identificación asiática que se le había dado al continente, lo único
que podía explicar la presencia de este fenómeno era la identificación de
la región con las cercanías al Paraíso. Las Casas, enumera las razones
que tuvo Colón para creer que había encontrado el lugar sagrado: la
grande templanza cerca de la línea equinoccial, sentir que iba subiendo

hacia el poniente y ver la gran cantidad de agua dulce que salía hacia el océano.

El Paraíso bíblico funciona como otro argumento providencialista que toma fuerza a través de la exégesis interpretativa lascasiana. A pesar de las ideas agustinianas de la inaccesibilidad del Paraíso, las exploraciones medievales continuaban la búsqueda de ese centro fabuloso señalado por la cartografía medieval. Las Casas reconcilia las ideas agustinianas y la geografía fabulosa que motiva las exploraciones medievales. Su primer paso es justificar con las autoridades cristianas la identificación de la región del Paraíso, tomando la oportunidad para exaltar la sabiduría de Colón: "no parece muy oscuro el Almirante no ser poco experimentado en la lectura divina y de historias antiguas y doctrina de santos doctores y de autores también profanos" (II: 44).

Los cuatro aspectos que Las Casas discute para demostrar racionalmente la afirmación del Almirante son la localización del Paraíso, su altura, su tamaño y sus cualidades. Él señala que "en cualquiera sitio que el Paraíso esté, se puede entender estar al Oriente" (II: 48); pensaba que los gentiles que lo ubicaban en las Islas Canarias o España, seguían "los versos y ficciones de los poetas" como Platón, Hesiodo y Homero (II: 48). Según él, se debe encontrar en el globo terrestre, tal vez en algún monte muy alto que llegue a la tercera región del aire en la línea equinoccial y opinaba que la localización influye en la naturaleza y en los seres humanos "porque toda aquella parte es cabeza del mundo; luego las influencias y virtudes de allí son más nobles y, por consiguiente, de mayor felicidad, eficacia y virtud" (II: 56). Las Casas demuestra con autoridades canónicas cómo la localización del Paraíso debe estar hacia el Oriente, en la región austral y cerca de la línea del equinoccio. Según los textos bíblicos el Paraíso está rodeado por una banda de fuego que Las Casas identifica con los siete días de intenso calor que pasó el Almirante navegando por la línea equinoccial. Las Casas justifica la afirmación de las autoridades de la existencia de un muro de fuego que llama "espada en mano de Cherubín" y que guarda la entrada al Paraíso. El último punto de su demostración es "el gozo, la alegría y felice vida" de las personas que habitan en esta zona:

Allí todos los sentidos se deleitaban; los ojos, [con la admirable claridad y en ver] la hermosura de los árboles y frutas y otras cosas; los oídos, del cantar y música de las aves; el sentido del oler, con los aromáticos y diversos y suaves olores, y así los demas todos juntos, con la templanza y suavidad del aire y amenidad del lugar y templatísima concordia de los tiempos, donde concurrían la frescura del aire, los alimentos del verano, la alegría del otoño, la quietud de la primavera, la tierra gruesa y fructífera, las aguas delgadas y en gran manera, dulces y apacibles [. . .]. Y así queda largamente persuadido haber tenido o al menos sospechar, que podía estar por allí o cerca, o lejos de allí [. . .] el Paraíso Terrenal. (II: 60-61)

En la región del Paria, el encuentro de la gran cantidad de agua dulce que sale con toda su fuerza hacia el mar, la altitud del lugar y el verde intenso son elementos que funcionan como alegoría de "la resurrección" de Colón y de la revalorización del papel que ha desempeñado en la empresa descubridora.

Si pensamos en Colón y en Las Casas podemos encontrar que ambos comparten una suerte de agonía individual y pesimismo que se podría relacionar a la visión apocalíptica que retomaré en el próximo capítulo. La transferencia se manifiesta a plenitud en el momento del encuentro con el lugar de la geografía sagrada. La representación de Colón, como el escogido, llega a su culminación con este encuentro. Al compartir ambos la visión edénica, también comparten la dimensión mesiánica que convierte la confirmación del Paraíso en una imagen de poder para ambos que los consagrará en la historia.

La vida de Colón en la *Historia de las Indias* está construida de acuerdo a las propias intenciones y deseos de Las Casas. Es una relación asociante donde la vida del sujeto biografiado nutre las necesidades del biógrafo. Según Leon Edel esta relación simbiótica puede tener su manifestación a través de la reiteración de ciertos pensamientos, afirmaciones o acciones de la vida del sujeto (68). Como consecuencia, el problema de la transferencia se convierte en la realización de la vida del biógrafo mediante la escritura de la vida del Otro.

El comentario apologético de Las Casas "y es cosa maravillosa como lo que el hombre mucho desea y asienta una vez en su imaginación, todo lo que oye y ve, ser en su favor a cada paso se le antoja" podríamos utilizarlo para hacer una apología propia de Las Casas. El historiador/biógrafo entiende y comparte los pensamientos, sueños y fantasías de Colón. Todo lo que encuentra que pueda servir como apología de Colón lo interpreta para utilizarlo a su favor. Como hemos visto, las afirmaciones de monstruos, amazonas y sirenas quedan anuladas. Sin embargo, la concepción edénica colombina de las tierras americanas coincide con la imagen utópica que quiere presentar Las Casas. La escritura de la historia emerge como un acto de conciliación que sirve como mecanismo para integrar a los pueblos americanos a la historia cristiana universal.

Escribir la vida de Colón y reconstruir rigurosamente el pasado histórico para Las Casas es un punto de arranque de la crítica de la conquista y del abuso de poder. La representación de Colón opera dentro del contexto del *locus* enunciativo, lo que contribuye que el texto se convierta en "símbolo de persuasión". Las Casas trata de conciliar las diferencias entre el estado español y la Iglesia, entre la cultura literaria pagana y la religiosa, y, más importante, entre el sujeto biografiado y él mismo.

Las reflexiones críticas postestructuralistas han dejado establecido que el texto literario e historiográfico debe ser considerado como una rescritura o reestructuración de un subtexto histórico o ideológico anterior (Jameson, Chartier, Certeau, Greenblatt). En el primer libro de la *Historia de las Indias* hay una rescritura de los textos colombinos y en la ésta se reproducen las contradicciones entre el historiador y Colón, al mismo tiempo que se resuelven. Las Casas, como biógrafo e historiador evalúa y juzga la vida de Colón. El no narra los eventos históricos inocentemente, ni imparcialmente: Colón es su héroe necesario y él trata de encontrarle una solución a las contradicciones que existen entre ellos. Al tratar de hacer esto, el texto se convierte en un acto simbólico que comienza a generar su propio significado.

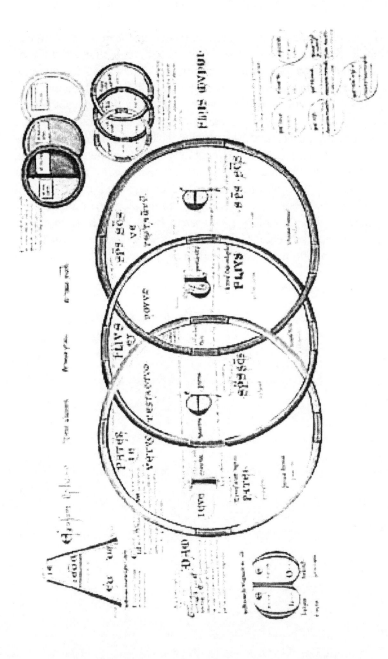

Fig. 4 Esquema de las tres edades de Joaquín de Fiore,
Il Libro delle Figure

CAPÍTULO IV

Geografías de lo real y lo imaginario: pensamiento utópico y evangelización

Mircea Eliade ha subrayado que la colonización y conquista del Nuevo Mundo se realizó bajo un signo escatológico: "people believed that the time had come to renew the Christian world, and the true renewal was the return to the Earthly Paradise or, at the very least, the beginning again of Sacred History, the reiteration of the prodigious events spoken of in the Bible" ("Paradise and Utopia" 262). Es innegable que las comunidades religiosas que participaron en la Reforma y la Contrarreforma, encausaron sus preocupaciones socio-políticas más profundas por la vía profética. La perspectiva mesiánica que señaló al continente americano como el espacio para la segunda venida de Cristo tuvo un papel ideológico y retórico fundamental en la compleja práctica misionera e historiográfica del siglo XVI. Más importante aún, ésta proveyó una de las fuentes originales que delinearon el establecimiento de comunidades con identidades propias y autónomas.

Bartolomé de las Casas privilegió textualmente la dimensión espacial (la representación del espacio la guerra y la evangelización) sobre lo temporal desde una perspectiva milenarista y utópica. En este capítulo estudio las complejidades de la escritura sobre el espacio desde tres ángulos que se conectan: la representación, la evidencia y la agencia. Primero, me enfocaré en el problema de la representación del espacio/lugar americano; segundo, en la retórica y en la evidencia de la destrucción del espacio americano; y tercero, en la relación entre la escritura y la agencia para promover "la restauración" o el espacio de la evangelización pacífica en la misión de la Vera Paz y la breve actuación episcopal de Bartolomé de las Casas como obispo de Chiapas. En el tercer apartado propongo que la fundación de esta misión, último proyecto de evangelización que dirigió Las Casas, es el evento crucial que influye toda la producción posterior que define las propuestas de conversión pacífica. De este modo exploro la genealogía de las formas simbólicas que enmarcan la filosofía y la retórica milenarista que construye un nuevo tipo de agencia política.

En los discursos historiográficos y geográficos de los siglos XVI y XVII, las doctrinas y la ideología del catolicismo tridentino y el impulso expansionista occidental tuvieron un poder simbólico y un propósito práctico muy claros. Estos discursos, más allá de servir como vehículos de comunicación entre los misioneros, los exploradores y los gobernantes, fueron receptáculos de la memoria que emplazaban, inscribían y legitimaban al individuo en el "nuevo" espacio por colonizarse. Edward Said ha señalado acertadamente que el imperialismo es asimismo "an act of geographical violence through which [. . .] space [. . .] is explored, charted, and finally brought under control" (*Culture* 125). Si hay algo evidente en las crónicas y las relaciones de exploración, es que los proyectos imperialistas establecen una dicotomía que separa política y geográficamente el territorio entre el yo y el Otro; lo conocido y lo extraño; lo considerado productivo o estéril. Ahora bien, estas dicotomías quedan claramente definidas en un marco que a su vez es político pero, más importante aún, providencial, si consideramos el contexto religioso de la primera mitad del siglo XVI y la importancia de la corriente escolástica entre los historiadores religiosos.

En sus textos, Bartolomé de las Casas establece la relación entre el sujeto conquistado, el conquistador y el lugar, a partir del conocido esquema de la tradición hispánica y cristiana de "destrucción y restauración". Las huellas del influyente monje italiano de la orden de San Bernardo, Joaquín de Fiore (1132–1202) se pueden encontrar en los textos lascasianos, particularmente cuando tratamos la dimensión apocalíptica y la ideología en el contexto de sus propuestas evangelizadoras.[1] Fiore, quien se ha descrito como "un pensador simbólico", se considera uno de los exégetas bíblicos más influyentes en el campo de la teología escolástica (McGinn, "Symbolism" 145). Su aportación más polémica fue el

análisis de las profecías bíblicas en una reflexión moral y espiritual sobre la idea de la historia durante la Edad Media. En sus libros, él exhorta
al lector a que se prepare para los eventos de los últimos días y, con esta
urgencia, a que conozca el curso de la historia. Fiore, al hacer su interpretación de las Revelaciones (libro del Apocalipsis) presenta una visión
de la historia y de la espiritualidad cristiana con tres edades que se entre-
lazan (la edad del Padre, del Hijo y del Espíritu Santo). Según el monje
italiano, la historia tiene que leerse e interpretarse de acuerdo al diseño
divino de la Trinidad (West y Zimdars-Swartz 10). En su esquema de la
historia humana, la llegada de Cristo es el evento culminante que delimi-
ta temporalmente las tres edades: la primera edad designa la edad antes
de Cristo; la segunda, es el comienzo de la edad cristiana que continúa
hasta nuestros días; y, la tercera, es la edad venidera, la del Espíritu Santo. Lo más influyente del pensamiento milenarista de Fiore, dentro el
contexto de la evangelización americana, es la profecía de esta tercera
edad que estaba por establecerse, después de la caída del anticristo. Durante esos días, los infieles se convertirían al cristianismo y se viviría en
paz y armonía bajo la guía de una orden monástica. Lo milenario, en su
connotación religiosa, implica una forma de salvación colectiva, inmi-
nente y milagrosa.

Norman Cohn indica que las expectativas milenaristas comenzaron
con los movimientos heréticos y las cruzadas en el siglo XI (*The Pursuit
of the Millennium* 15-18).[2] El pensamiento milenarista continuó por varios siglos y tuvo una de sus manifestaciones más significativas durante
la época de viajes y conquistas de los siglos XV y XVI. Muy poca atención se le ha prestado a la influencia de Fiore durante este periodo. John
Phelan ha discutido la visión apocalíptica de Colón que se evidencia en
el *Libro de las Profecías*, la *catena* de predicciones sacadas de extractos
bíblicos, antiguos y patrísticos que le envía a Fernando e Isabel en una
carta entre 1501-1502. Colón, al igual que Las Casas, subrayó que sus
acciones y "descubrimientos" eran el punto culminante del plan divino
para el cual él había sido escogido como protagonista. Según Phelan,
Colón estaba convencido de que tenían que ocurrir dos eventos cruciales
antes de que comenzara el reinado del Espíritu Santo: primero, la difusión completa del Evangelio y, segundo, la reconquista de Jerusalén que
debía de acontecer a manos de un español.[3] Colón creía que encontrar
una ruta marítima hacia el Oriente ayudaría a la promulgación del Evangelio y que el oro y los bienes que traería a España contribuirían a los
viajes de la reconquista del Santo Sepulcro y la reconstrucción de Jerusalén.[4] Las referencias a Fiore en los textos colombinos no sorprenden

ya que el monje calabrés era citado frecuentemente por autores con los
que Colón estaba familiarizado como Pierre d'Ailly y Johannis de Ru-
pescissa (West y Zimdars-Swartz 108-109). Por otro lado, Reeves ha
señalado que los miembros del séquito de Carlos V creían firmemente en
las profecías asociadas con el emperador de "los últimos días" y le acon-
sejaban que continuara los esfuerzos para extirpar las idolatrías y recuperar Jerusalén.

Para comprender la fuerte influencia de Fiore en el pensamiento histórico y religioso renacentista, particularmente en España, hay que entender cómo en este periodo se ofrece una revisión del plano general de
la historia, que hasta el siglo XIII había estado edificada según los términos de San Agustín y las Siete Edades análogas a los siete días de la
creación. Si bien para Fiore, San Agustín era el teólogo más importante
de la Iglesia, Fiore ofreció una visión de la historia "trinitaria y progresi-
va" que trajo otras expectativas a la Iglesia para el triunfo en los últimos
días del juicio final.[5] La idea de San Agustín, según se presenta en la
Ciudad de Dios, no postulaba la existencia del "progreso" de la historia.
Su séptima edad estaba colocada fuera del movimiento temporal, ya que
el clímax de la historia había ocurrido con la Encarnación y lo que resta-
ba era un periodo de arrepentimiento y alerta. San Agustín interpretó el
libro de las Revelaciones y la idea del milenio alegóricamente; el cual
era más bien un estado espiritual para cada individuo y no para la humanidad en su totalidad (West y Zimdars-Swartz 30-34).

Bartolomé de las Casas confrontó y cuestionó el derecho a la conquista y al *dominium* con la autoridad de la experiencia y la erudición de
su formación filosófica y religiosa que definían el horizonte cultural del
siglo XVI: la visión escolástica y el humanismo emergente que abrazaba
todas las disciplinas. Al hablar de la representación empírica y retórica
del espacio americano, utilizando el esquema de Fiore, hay que destacar
que la escritura de Las Casas está basada en el impulso pedagógico y
utópico que caracteriza mucha de la historiografía humanista del Renacimiento. El compartió el espíritu crítico de los intelectuales canónicos
como Tomás Moro, Erasmo de Rótterdam y Juan Luis Vives, los cuales
hicieron grandes aportaciones a las polémicas de lo que constituía el *optimus status reipublicae*.[6] Por tanto, la perspectiva moralizante que dominaba el discurso de Joaquín de Fiore, y que Las Casas reitera, converge con las urgentes propuestas y consejos que le hace Las Casas al Rey y
al Consejo de Indias para remediar la situación de las Indias y salvar a
España de su propia destrucción. En el octavo remedio, Las Casas advierte repitiendo lo que escucha de los demás: "Plega a Dios que no des-

truya a España Dios por tantos males como se ha dicho que se ha hecho en las Indias" (*Obras escogidas* 111). Y en la famosa "Cláusula del testamento" declara: "[. . .] e creo que por estas impías y celebrosas e ignominiosas obras, tan injusta, tiránica y barbáricamente hechos en ellas y contra ellas, Dios ha de derramar sobre España su furor e ira porque toda ella ha comunicado y participado en las sangrientas riquezas robadas" (*Obras escogidas* 540). Las Casas se ubica claramente dentro de la tradición joaquinita, no solamente por sus referencias al monje calabrés, sino con respecto a la visión providencialista y profética reflejada en las expectativas escatológicas con que amenazaba a los gobernantes y representaba la conquista.

La influencia de la *Utopía* de Tomás Moro, texto que presenta un estado racional caracterizado por el orden y la dignidad, se deja sentir inmediatamente en la literatura emergente de la experiencia colonial.[7] En los textos de Colón, Pedro Mártir de Anglería, Las Casas y Américo Vespucio hay descripciones recurrentes que aluden a la idea utópica que se nutre de los mitos grecorromanos que fueron resucitados por los intelectuales humanistas Leonardo Bruni, Pico de la Mirándola y Marsilio Ficino, entre otros.[8] Estos humanistas alabaron el antiguo estado de felicidad, bienestar y perfección moral que se contraponía a la corrupción de una sociedad decadente (Cró, "Classical Antiquity" 135). En la *Historia de las Indias*, Las Casas describe las comunidades amerindias viviendo en completa armonía: "cuanta era la paz y el amor y liberalidad y comunicación benigna y fraternidad natural que entre estas gentes, viviendo sin cognoscimiento del verdadero Dios" (I: 367).[9]

Los mitos clásicos de la Edad de Oro y del buen salvaje forman parte del imaginario colonial para subrayar el carácter utópico del pasado prehispánico y las profecías de "la redención misericordiosa del linaje humano con la venida del hijo de Dios", según subraya Las Casas (*Historia* I: 58). Él, además de procurar la crítica más severa sobre la conquista, ofreció en teoría y en práctica un modelo para una comunidad cristiana cuyas influencias incorporaban también el pensamiento de Séneca y Cicerón, los modelos intelectuales referidos por los pensadores escolásticos al interpretar la *Política* de Aristóteles (Skinner 125). Como veremos, las intervenciones del polémico fraile dominico funden la imaginación clásica y la cristiana para presentar una visión del pasado del continente americano que coincide con el mito de la Edad Dorada, tal como se representa en los *Trabajos y los días* de Hesíodo, en los textos virgilianos y en el Antiguo Testamento.

Maravall nos recuerda que en España, Alfonso de Valdés, Juan Luis

Vives y Antonio de Guevara, se inspiraron con el pensamiento utópico y en las civilizaciones del Nuevo Mundo para criticar las condiciones precarias de la sociedad de la época (314). En "De concordia y discordia del género humano", Vives exalta la actitud de la raza americana ante la paz al compararla con la de los españoles:

> Cuentan nuestros navegantes que en las Indias existen algunos pueblos que, entre los bienes de esta vida, ponen la concordia con carácter exclusivo y que en el caso de que entre dos estalle la enemistad por tan honrado se tiene al que insinúa proposiciones de paz, como entre nosotros ese mismo se considera vilipendiado y menguado. ¡Cuánto más sabios son ellos, adoctrinados por solo el magisterio de la naturaleza, que nosotros, ahitados y regoldando letras y libros y haciendo aplicación abusiva y sacrílega al mal de la filosofía bajada del cielo! ¿Será que aquellos indios los hizo la naturaleza más semejantes a Dios que a nosotros la formación cristiana? (II: 167)

Esta actitud pacifista y crítica del militarismo europeo de Vives es representativa del irenismo erasmiano que opta por la paz y la tranquilidad para todos.[10] Antonio de Guevara, en este mismo espíritu reformador e inspirado por el estado natural de los indígenas del Nuevo Mundo, escribió "El villano del Danubio" donde contrapone la felicidad de los que viven en un estado natural a la vida civilizada de los romanos. Si bien este humanista no visita las Indias, sí se preocupa profundamente por la política transatlántica.[11] La diferencia entre la visión utópica de Las Casas en comparación a la de sus antecesores y contemporáneos, radica en que él ofrece su visión del ideal utópico textualmente y propone una perspectiva en la práctica política con las ideas renovadoras y la experiencia de las fundaciones de comunidades experimentales en el Darién (1518), Cumaná (1520-1521) y la Vera Paz (1537-1544).

La idea de una utopía y la escritura utópica se convirtió en una forma de escribir historia y de cuestionar el poder colonial.[12] De acuerdo a James Holstun, lo utópico se manifiesta como una forma literaria, una retórica política y una práctica social (14). Importa destacar que la utopía es mucho más que un modelo, un sueño del imaginario popular o un género literario. El ideal utópico influyó las prácticas socio-políticas del siglo XVI, como lo demuestran los proyectos o llamados experimentos sociales de Vasco de Quiroga, Las Casas y las reducciones de los misioneros jesuitas. Más importante aún es que dentro del contexto contrarreformista, la idea de fundar comunidades basadas en los principios del cristianismo tomista (como la practicaban los dominicos y los jesuitas) complementó los principios sobre la justificación que fueron defendidos en Trento.[13]

LA PRIMERA EDAD: LA UTOPÍA Y EL PARAÍSO TERRENAL

La dimensión idealizante en que se inscriben los discursos coloniales está impregnada de lugares comunes que se originan en la *República* de Platón y el mito de la Edad de Oro, para culminar en la *Utopía* de Tomás Moro. En la descripción del mundo prehispánico, Las Casas apropia y trasplanta, desde Europa a las Indias, las imágenes del paisaje como un jardín, la creencia en un estado original de pureza y perfección y el carácter comunitario de la propiedad.[14] Los autores cristianos durante el Renacimiento confundieron el tópico clásico edadorista de los textos de Homero, Virgilio y Ovidio, con la creencia cristiana de la existencia del jardín del Edén.

El imaginario utópico, tal como fue instaurado por Tomás Moro, fue ampliamente rechazado por otros autores utópicos que le siguieron durante el Renacimiento (sirven como ejemplo Campanella y Bacon). Esto dificultó la caracterización del género, el espacio e, incluso, la práctica utópica (Leslie 3).[15] La naturaleza conceptual de la utopía, según la interpretación del intelectual francés Louis Marin, ofrece una de las perspectivas teóricas más complejas y provocadoras para cualquier lectura de los textos que construyan un espacio utópico en cualquier periodo. Según apunta Marin, lo utópico es la expresión discursiva de lo neutral, "es el lugar de la contradicción"; es lo plural (7). No se puede pensar en una utopía, sino en múltiples "utopías". Además, hay que pensar en los procedimientos discursivos de la ficción, porque estas utopías son asimismo figuras discursivas, lugares comunes (9):

Utopia is a discourse, but not a discourse of a concept. It is a discourse of a figure: a particular figurative mode of discourse. It is fiction, fable-fable construction, "anthropomorphized" narratives, "concrete" descriptions, exotic, novel, and pictorial representation: these are all of its nature. It is one of the regions of discourse centered on the imaginary [. . .]. Utopia is a figurative mode of discourse, a textual product of utopian practice [. . .]. It points to a possible future reconciliation and a present acting contradiction of the concept, and of history. (8-9)

La importancia del pensamiento de Marin radica en la propuesta de que las utopías tienen su raíz en la retórica, la persuasión y la práctica social. De acuerdo con el pensador francés, la utopía se manifiesta como una red de figuras, rupturas y contradicciones en el lenguaje que se evidencian cuando analizamos un texto que describe y censura el uso del poder y la violencia.

La representación lascasiana del espacio en la *Historia de las Indias* y en la *Apologética historia sumaria*, retoma los temas de la historiografía oficial que describen y verifican la geografía americana con el conocimiento de los antiguos historiadores y geógrafos de Grecia y Roma.[16] Las Casas, al igual que Colón, Pedro Mártir de Anglería y Gonzalo Fernández de Oviedo, articula una descripción geocultural con el lenguaje y las imágenes que recoge de sus lecturas de Tolomeo, Estrabón, Plinio, Marino de Tiro, Homero y los textos cristianos. Con este conocimiento, Las Casas glosa las observaciones de Cristóbal Colón sobre las tierras encontradas.[17] Asimismo, estas autoridades clásicas del canon cultural de los siglos XV y XVI le sirven de marco de referencia en las comparaciones que hace del clima, de la naturaleza y de las condiciones materiales de existencia entre los pueblos amerindios y los pueblos paganos descritos en las historias clásicas.

Las Casas promueve la visión de la naturaleza como manifestación divina que se encuentra delineada en los relatos bíblicos de San Juan Bautista y en las palabras de San Pablo a los romanos (1: 20). La visión de la Iglesia primitiva se reitera durante la Edad Media, siendo precisamente la Orden de los dominicos, la que sostuvo con más fuerza la idea de que la vida natural que presenciamos y disfrutamos era una prueba de la bondad de Dios (French y Cunningham). Esta perspectiva claramente católica le ofrece a Las Casas otra argumentación para sostener que la conquista está violando la manifestación de Dios en la Tierra y está destruyendo el espacio ideal para la experiencia espiritual y la conversión. En la *Historia de las Indias*, al representar la excelencia y las virtudes de los aborígenes, a manera comparativa, Las Casas entrelaza la historia cristiana y la historia pagana del Viejo Mundo en una visión geocultural que promueve los principios más elementales del cristianismo:

En el Evangelio dijo Cristo nuestro Redentor: 'Bienaventurados los limpios de corazón, porque serán dispuestos y aptos para contemplar a Dios.' Desta doctrina de los filósofos, se derivó por todos los hombres aquella fama y opinión de los Campos Elíseos o moradas de los bienaventurados, donde iban las ánimas después que deste mundo salían [. .

.]. Esta opinión tiene hoy los moros y turcos, creyendo que a los que guardaren la ley de Mahoma, se les ha de dar un paraíso de deleites, tierra amenísima de aguas dulces, so cielo puro y templado, lleno de todos los manjares que desearse pueden [. . .]. Pero mucho discrepan de la limpieza de corazón y aptitud para los ejercicios espirituales y contemplación [. . .]. Y mejor y más propincuos andaban destos Campos Elíseos los indios [. . .]. (I: 115-16)

Las Casas utiliza su erudición clásica y patrística para persuadir a Carlos V, a sus consejeros flamencos y a todo el Consejo de Indias sobre las excelencias del lugar y la bondad natural de sus habitantes. Para denunciar el abuso físico y político de los encomenderos y de los colonizadores, Las Casas presenta una imagen textual de la América pre-hispánica como el espacio "ideal", el perdido jardín del Edén o los Campos Elíseos, repletos de ciudadanos de *vera nobilitas*.

La descripción del Nuevo Mundo como un lugar ameno se encuentra por primera vez en la *Historia de las Indias* cuando se relata la experiencia de Colón al descubrir tierra. Sin embargo, como ya hemos visto, la descripción colombina está mediatizada por la experiencia del historiador que defiende y confirma las opiniones del Almirante. No obstante, la experiencia de Las Casas domina, aclara y expande lo visto por Colón: "Esta tierra era y es una isla [. . .] sin montaña alguna, como una huerta de arboleda verde y fresquísima, como son todas las de los lucayos que hay por allí [. . .]" (I: 200). Se puede justipreciar cómo se utilizan todas las imágenes literarias de la épica clásica y medieval como lo son el *locus amoenus* y el tópico bíblico del espacio como jardín del Edén para representar un paisaje idílico superior a cualquier otro: "toda ella parece un terrenal paraíso" (*Apologética* I: 15). Las islas descubiertas eran, para Las Casas, "las más felices y grandes, graciosas, ricas, abundantes, deleitables del mundo"(*Historia* I: 216). El espacio de las islas caribeñas tiene todos los atributos del paraje ameno y bucólico del imaginario expansionista y colonizador. Las Casas utiliza lo que Curtius llama "el sobrepujamiento", elemento retórico del discurso panegírico, para exaltar y comparar el espacio físico (162-65). Ésta es una de las estrategias retóricas más utilizadas en la *Historia* y en la *Apologética* para reconstruir el escenario en el cual Colón y el propio "clérigo Casas" van a desempeñarse como los héroes épicos del proyecto mesiánico. En la *Utopía* de Moro el jardín utópico, también lugar de abundancia, se presenta como el lugar de una cultura y naturaleza superiores que servirá de escenario de los eventos históricos (Leslie 44).

El imperativo de presentar una visión paradisíaca del espacio americano adquiere otros matices al compararse con el proyecto colombino. Las Casas no quiere ofrecer una imagen del espacio americano como "botín" (Pastor, *Discursos narrativos* 45-64), sino que desea apelar fuertemente a la conciencia en crisis del destinatario sobre las acciones de los conquistadores, para reconstituir ese mismo espacio como centro sagrado para la redención del cristianismo. Si hay algo que los historiadores de Las Casas han ignorado es el hecho de que él escribe en uno de los periodos más controversiales en lo que respecta a la reacción de la Iglesia católica frente a la Reforma protestante y la urgente necesidad de encontrar nuevos medios de control ideológico y religioso. Las Casas escribe intensamente durante los años en los cuales se están celebrando los concilios en Trento (1545-1563). Las menciones de Lutero y de Trento no se escapan en la argumentación de la *Historia* y de la *Apología*.[18] Más importante aún, Las Casas se inscribe ideológicamente en el esfuerzo de reconciliación religiosa para propagar el cristianismo y cumplir con el plan mesiánico, como lo explicaba Fiore. No nos sorprende dentro de este contexto de ortodoxia religiosa que el abad calabrés fuera una figura prominente, ya que su exégesis bíblica legitimaba la necesidad en la reafirmación de la fe y la propagación del dogma cristiano entre los pueblos paganos.

La idea del espacio utópico no se puede separar de la representación del amerindio. El espacio físico, social y cultural que encontramos en estos textos está claramente inspirado en el ideal grecolatino de un estado natural igualitario y sin explotación (Cohn, *The Pursuit of the Millennium* 187). Sobre este tema, José Rabasa ha señalado que, en la *Historia de las Indias*, los textos colombinos sirven de base a las teorías del "primitivismo idealizante" y de la "condición paradisíaca" del Nuevo Mundo; temas que luego vemos desarrollados completamente en la representación de la excelencia física y natural de los amerindios en la *Apologética historia sumaria* (168-69).

Las Casas aspira al *optimus status reipublicae* que define Moro, pero la diferencia radica en que su crítica hace referencia clara a la explotación colonial y provoca consecuencias inmediatas a la luz de los debates de los años 1550-51. De igual manera, los discursos de "la maravilla del lugar" y de la abundancia natural que nos presenta Las Casas, engendrados en los mitos edadoristas y paradisíacos, dan pie al hilo contestatario de denuncia del proyecto colonial.

La visión de Las Casas de la abundancia y de la belleza del mundo natural americano domina la *Apologética historia sumaria*,[19] texto que ha sido considerado por Anthony Pagden como un extenso tratado de etnología comparativa (*The Fall of the Natural Man* 122). Este historiador hace una apreciación muy certera al establecer que las faltas retóricas que encontramos en la *Apologética* se justifican con el empuje persuasivo y también por el hecho de que "it was written as part of the debate over the status –human, social and legal– of the American Indians which have reach its crisis in the 1550's" (122). Es preciso subrayar este planteamiento puesto que alude, de manera indirecta, a la penetración de las modalidades discursivas de la oralidad en los debates filosóficopolíticos sobre el dominio español. De igual forma, la perspectiva utópica y mesiánica que acarrea el discurso contribuye inmensamente a la renegociación del proyecto colonial que presenta el dominico al idealizar el pasado prehispánico y compararlo con la edad del Padre que presentó el pensador apocalíptico, Fiore. Si el pasado prehispánico se identifica con la edad del Padre, la edad de Cristo es el periodo de la conquista y destrucción y la edad del Espíritu Santo es la edad venidera. Es evidente que, dentro del esquema milenarista de Las Casas, en la preparación del camino para la tercera edad ("la edad del Espíritu Santo)", hay que reconstituir el mundo cristiano, reparar los daños de la conquista y evitar la destrucción de España.[20]

En la *Apologética historia sumaria*, Las Casas trata de demostrar, desde una compleja perspectiva que es a la vez histórica, empírica y cristiana que los pueblos amerindios poseen los requisitos establecidos por Aristóteles de una verdadera sociedad guiada por los principios de civilidad, orden y armonía.[21] El concepto de *civitas* implica la representación espacio-temporal que, por un lado se refiere a la relación entre la naturaleza del lugar y los habitantes y, por el otro, a la distinción entre las sociedades indígenas (comparadas a los pueblos primitivos antes de la caída) y las naciones europeas.

Dejando a un lado la perspectiva providencial, hay que observar cómo Bartolomé de las Casas considera la teoría de la *climata* que se desarrolla en los textos más diseminados de cosmología medieval durante el Renacimiento.[22] Al igual que Bodin, quien utiliza a Las Casas como autoridad, Las Casas resume los argumentos de Aristóteles, Galeno, Hipocrás, Santo Tomás, Tolomeo y sus comentadores para argüir su perspectiva del determinismo geográfico desde una perspectiva empírica.[23] En la refutación a la imagen colonialista de los indígenas, Las Casas señala en la introducción a la *Apologética* que para demostrar la verdad, trataría las seis causas naturales para explicar la racionalidad amerindia: el clima, la geografía, la fisiología, la templanza climática, la edad de los padres y las costumbres de los pueblos (*Apologética* I: 3). De acuerdo con el historiador, el nivel de la perfección del clima: "clemencia, templanza y suavidad de los tiempos" influye la fortaleza física y la sabiduría atribuida a los indígenas:

> Es la cuarta causa que concurre a la nobleza del ánima y a ser los hombres bien intelectivos, conviene a saber, la clemencia, templanza y suavidad de los tiempos, que juntamente anda con la disposición de los lugares [. . .] porque según común sentencia de los astrólogos, filósofos y médicos, según la variedad de las tierras y regiones y calidades dellas, las cuales causan principalmente los tiempos y proceden de la calidad y naturaleza de los vientos que en ellas corren, universales y locales, así son los ingenios e inclinaciones de los hombres, y esto es general y siempre por la mayor parte [. . .]. (*Apologética* I: 145)

Las influencias celestes del lugar determinan la constitución física de los cuerpos que ocupan este espacio. Incluso más, de acuerdo a Galeno, la constitución física condiciona la personalidad y las actitudes morales que determinan el comportamiento (*Apologética* I: 145-46).

Axiomáticamente, durante este periodo se construye una defensa de los pueblos amerindios con un entrecruce de evidencia sacada de las autoridades clásicas, patrísticas y canónicas que le dan forma y sustancia a las metáforas de virtud, belleza y perfección que dominan la representación del espacio y del cuerpo físico del sujeto amerindio. Se ha señalado que los milagros quedaron establecidos como formas de evidencia legal durante el siglo XVII, práctica ya común durante el siglo XVI (Daston 258). Los textos de Las Casas, dominados por el discurso notarial, instrumentalizan el evento milagroso al formar parte del cuerpo evidencial. Las Casas deja claro que lo milagroso envuelve la naturaleza, y el cuerpo físico y humano "descubierto" que ocupa un espacio patentemente sagrado.

Dentro del contexto cristiano, los viajes religiosos estaban destinados hacia los lugares y centros sagrados "donde las almas encontraban su salvación" (Fabian 6).[24] Las cruzadas y los viajes de exploración se producían impulsados por las ideas cambiantes sobre el Paraíso, en las cuales se resucitaba el mito del lugar del imaginario popular. El viaje, un elemento sobresaliente en la *Utopía* de Moro, se reitera en la *Historia de las Indias* en la narración del viaje colombino de descubrimiento. Las Casas parte de las afirmaciones de Colón de haber encontrado el Paraíso terrenal para comentar su descripción y su ubicación, interviniendo así en otra de las polémicas de la alta Edad Media y el Renacimiento.[25] Además, la interpretación del testimonio de Colón sirve de preámbulo para un comentario descriptivo del continente. Al cuestionar el saber de los antiguos Las Casas señala:

> [. . .] parece claro los antiguos ninguna noticia haber tenido destas Indias, porque si la tuvieran, con mayor razón pusieran en ella los Campos Elíseos que en las islas de Canaria, ni en España, pues se manifiesta la ventaja como en mil partes a una, que a todas las del mundo, en felicidad, templanza de aires, aspecto de los cielos, aguas, frutas, frescura, suelo, disposición de la misma tierra y otras naturales riquezas hacen estas Indias [. . .] y porque allí donde agora el Almirante andaba era maravillosa la frescura y temperancia [de aires] y alegría de la tierra, cielo, aguas y arboledas, que por los ojos vía, no era mucho que por allí concibiese [. . .] estar, no los Campos Elíseos como los gentiles, sino, como católico, el paraíso terrenal.
>
> (*Historia* II: 50)

Las Casas justifica las afirmaciones colombinas con lo visto y con la autoridad que confieren los textos clásicos y cristianos que describen el lugar bíblico. Antes de los viajes colombinos de exploración, los mapas ubicaban el Paraíso a través del mar océano, rodeado por altas murallas de fuego o de rocas impenetrables, a donde las torrentes del Diluvio nunca llegaban (Campbell 52). En la *Historia de las Indias* se reitera este argumento para confirmar la localización del Paraíso en el nuevo hemisferio. Las percepciones de Colón tienen un valor incuestionable porque le da más fuerza a la imagen utópica que se quiere proyectar hacia el Viejo Mundo. Claramente, la rescritura y la interpretación de la experiencia colombina legitiman la convicción espiritual (y territorial) para la práctica evangelizadora.

Nancy Struever ha sugerido que "the rhetor's realm of effectiveness is in the realm of the probable (*eikos*) perceived by the senses, structured by *phantasia* and mimesis" (6). La percepción cambiante del Nuevo Mundo como un "botín" a la de un lugar sagrado es fundamental en la crítica que hace Las Casas sobre las prácticas coloniales. Al afirmar la localización del Paraíso en el Nuevo Mundo, retórica e ideológicamente se neutraliza "el otro espacio" que equivale al "Nuevo Orbe". Para contener el proceso de conquista, el Nuevo Mundo se transforma textualmente en el lugar deseado y profético.

LA SEGUNDAD EDAD/EL ESPACIO DE LA GUERRA

Es evidente que Las Casas redujo la descripción de los eventos de la conquista a un conflicto entre el bien y el mal. Esta imagen antitética domina en la *Brevísima relación de la destrucción de las Indias* y en la *Historia de las Indias* para describir cómo los españoles impiden la renovación radical necesaria para la realización de la pauta trinitaria dentro de la historia.[26] La *Brevísima* es el texto que mejor representa la verdadera crisis de conciencia de los españoles ante la conquista y la violenta colonización. Su objetivo no puede ser más urgente: invocar la responsabilidad cristiana del destinatario para salvar a la nación española de su propia destrucción.[27] Claro que el tema del castigo profético no es una novedad; en las décadas en que Las Casas escribe éste era un tópico recurrente en los textos milenaristas y moriscos, como ya se ha estudiado.[28]

Desde muy temprano, la *Brevísima* necesitó de sus defensores. En la *Historia de las Indias Occidentales* (1619), Antonio de Remesal subraya la dimensión polémica la *Brevísima*:

> Fue tratado odiosísimo en aquellos tiempos y poco amado en estos, principalmente de los que se jactan y precian de descendientes de conquistadores, pero fue entonces necesarísimo, para proponer con aquel discurso y con aquellos ejemplos delante del invictísimo emperador y su real consejo la gran necesidad de justicia que en estas partes había [. . .]. Y que fuese este el intento del padre Fray Bartolomé de las Casas y no de infamar ni de deshonrar a nadie en particular, échase de ver claramente sino de los sucesos de cada provincia, sabiéndolos todos no dijo sino muy pocos y los menos odiosos, dejando a los consejeros, que por la uña sacasen el león. (Remesal I: 299).

Los historiadores de la Orden de los Predicadores, Antonio de Remesal y Agustín Dávila Padilla, autor de la *Historia de la fundación y discurso de la Provincia de Santiago de México* (1596), tuvieron que ofrecer una apología del tratado que promueve la leyenda negra ya que, a partir de 1578, comenzaron a proliferar las ediciones europeas, particularmente en las ciudades de los países protestantes que formaban la Alianza de Utrecht.[29] Los países que abrazaban la reforma protestante querían defender su dignidad religiosa ante la tiranía española que operaba con la protección de Roma.[30] La edición latina de 1598, publicada en Frankfurt, se dio a conocer por los diecisiete grabados de Theodore De Bry y su familia en que se retratan las crueldades enunciadas por Las Casas. Las ilustraciones de los martirios sufridos por los indígenas han representado un papel enorme en la construcción de la imagen negativa de España. No sorprende que se haya planteado que "los diecisiete grabados de De Bry sin duda hicieron más por la leyenda negra que todos los textos de Bartolomé de las Casas" (García Cárcel 227).[31]

En la dedicatoria a Felipe IV de la *Brevísima* latina se advierte que la relación es "de gran utilidad a todos aquellos hombres sabios y honestos, y sobretodo a cuantos investigan las raíces de esta tiranía detestable y extraña a los justos" (Moreno Mengíbar ix). La *Brevísima relación* se redacta entre decretos, juntas y legislaciones tocantes a la situación en las Indias. El texto, se puede leer también como un comentario crítico de la historia de la legislación indiana en el año de 1542. No asombra que el tratado manifieste las modalidades del discurso oral ya que fue compuesto originalmente para leerse en las juntas organizadas por Carlos V.

Las Casas, después de cuatro años en Guatemala y México y luego de haber comenzado las gestiones para el establecimiento del proyecto de evangelización pacífica de la Vera Paz, regresa a España en 1539 bajo las órdenes del obispo Francisco Marroquín "para traer religiosos en abundancia" y con el propósito de fortalecer el proyecto misionero en Guatemala. Además de reclutar religiosos, intervenir personalmente frente al Consejo de Indias y tener varias audiencias con Carlos V, Las Casas participa en las Juntas de Valladolid de 1542 con su "Larguísima relación de denuncias de la destrucción de las Indias"[32] y con el "Memorial de veinte remedios" (Pérez Fernández, *Cronología*, 573-74).[33] Hay que considerar que la producción textual de la "Larguísima" y de la *Brevísima* está motivada por la confirmación de las Leyes Nuevas y la obtención de los permisos y cédulas reales que Las Casas necesitaba para legalizar la pacificación y la misión evangelizadora en Tuzututlán, la "Tierra de Guerra".

El argumento y el prólogo de la *Brevísima* se escribieron justo antes de su publicación en 1552. El propio Las Casas recalca en el "Argumento del presente epítome" los efectos de su "Larguísima" a los oyentes de la Corte. Refiriéndose a sí mismo señala: "causando a los oyentes con la relación dellas una manera de éxtasi y suspensión de ánimos, fue rogado e importunado que destas postreras pusiese algunas con brevedad por escripto" (69). Ya en el argumento, Las Casas apunta a la fuente original del texto, su discurso oral ante el Emperador, la corte y el Consejo de Indias. Asimismo presenta su *negotium* del estado crítico y calamitoso de las Indias como parte de un asunto de interés público.[34]

En el prólogo de la *Brevísima,* Las Casas anticipa los temas que se desarrollarán en el texto:

> Considerando, pues, yo, (muy poderoso Señor), los males e daños, perdición y jacturas (de los cuales nunca otros e iguales ni semejantes se imaginaron poderse por hombres hacer) de aquellos tantos y grandes y tales reinos, y por mejor decir, de aquel vastísimo e nuevo mundo de las Indias, concedidos y encomendados por Dios y por su Iglesia a los reyes de Castilla para que se los rigiesen e gobernasen, convirtiesen e prosperasen temporal y espiritualmente, como hombre que por cincuenta años y más de experiencia, siendo en aquellas tierras presente, los he visto cometer; [. . .] tuve por conviniente servir a vuestra alteza con este sumario brevísimo, de muy difusa historia, que de los estragos e perdiciones acaecidas se podría y debería componer. (72-73)

Los textos de Las Casas son dialógicos al aunar la narración de sus propias experiencias con las denuncias y testimonios de otros religiosos. Él documenta e incorpora otros discursos de violencia política. El evento no es lo que ocurre, pero lo narrado; lo que puede ser apropiado y reconstituido para revelar la evidencia que sustenta los argumentos del narrador.

Cabe recordar el sesgo de incertidumbre y duda que ha planteado la crítica en cuanto a los eventos que se narran en la *Brevísima.* Como sabemos, una de las opiniones más extremas ha sido la de Ramón Menéndez Pidal. En su libro *El padre Las Casas: Su doble personalidad,* él lamenta su anormalidad mental (103) y advierte que en la "ficción" de la *Brevísima,* Las Casas demuestra "su capacidad incansable en imaginar y enumerar bestialidades estúpidas" (116). Es indiscutible que hay muchas razones para la sospecha de las formas de violencia que Las Casas describe, pero el hecho de que se ampare en las prácticas retóricas del discurso oral (continuadas en la historiografía de la reconquista y conquista española de los siglos XV y XVI) explica aún más las imputaciones que recaen sobre este tratado.

Se ha subrayado que la penetración de la escritura en la cultura oral de las lenguas romances proveyó un nuevo modelo lingüístico de "verdad" basado en el lenguaje escrito (Spiegel 68). Con la invención de la imprenta vemos un desplazamiento de la autoridad lo que escuchamos a lo escrito. La historia que se ponía por escrito se identificaba con lo verdadero, mientras que la poesía era considerado un producto de la imaginación y su fuente era el discurso oral. Sin embargo, todavía en el siglo XVI, la escritura de la historia se nutría de la cultura oral. Como com-

prueban las relaciones de Bernal Díaz del Castillo o de Pedro de Casta-
ñeda sobre la jornada de Vázquez de Coronado, las historias y las nove-
las de caballerías circulaban al ser leídas en voz alta para comunidades
de oyentes que no tenían acceso al libro. Por un lado, los historiadores
mantuvieron una posición ambigua y ecléctica que seguía las reglas que
la preceptiva humanista imponía y, por el otro, mostraron una actitud
relajada al incorporar las modalidades de la oralidad.[35] Esto no sorprende; las relaciones reciclaban testimonios y anécdotas que llegaban al historiador oralmente. Como Walter Ong ha indicado, moldear la narración
de los eventos, de la experiencia, de "lo visto y lo vivido" a una expresión de fórmulas y tópicos facilitaba la memoria y el entendimiento.[36]

El discurso de las formas de la violencia que Las Casas describe tan
hiperbólicamente, como señala Juan Bautista Avalle Arce, se caracteriza
por una retórica basada en la acumulación de detalles, el uso excesivo de
la anáfora y de adjetivos y superlativos que impactan al lector.[37] Con
estas estrategias se enlazan las imágenes de martirio y muerte con los
problemas sociopolíticos del proceso colonizador. Es evidente que los
episodios de violencia no se describen cronológicamente, sino siguiendo
un recorrido que nos lleva isla por isla y región por región. Este itinera-
rio/relación subraya y reitera los actos de violencia que se agravan a cada paso. Con esta estructura se sugiere que la violencia arremete cada
espacio y rincón del continente. Mi propuesta es que la fuerza persuasiva
de la *Brevísima* que cautivó a los enemigos de España, radica en su estructura retórica y oralidad que enlaza el pasado con el presente y elimina las distancias temporales para centrarse en la destrucción del lugar.
Por su fuerte carácter emotivo y por la retórica de acumulación, el tratado sobresale y manifiesta una diferencia estilística muy marcada. A diferencia de los otros cronistas de Indias (pienso en Sepúlveda, Fernández
de Oviedo y López de Gómara), las actuaciones públicas de Las Casas
determinan el lenguaje y las estrategias de composición. Hay que reiterar
que gran parte del material que Las Casas incorpora en los tratados y en
la *Historia* se presenta en las audiencias y en las numerosas juntas que se
celebran para tratar los problemas de las Indias.[38]

Las Casas instrumentaliza el detalle y la narración de episodios específicos de violencia para ilustrar su denuncia.Es, precisamente, la *Brevísima relación* el texto donde la narración de los episodios adquiere una
fuerza y un dramatismo que elimina la distancia espacio-temporal entre
el lector y los eventos. En cuanto a las torturas practicadas frecuentemente por los españoles, Las Casas narra:

Comúnmente mataban a los señores y nobles desta manera: que hacían unas parrillas de varas sobre horquetas, y atábanlos en ellas y poníanles por debajo fuego manso, para que poco a poco, dando alaridos en aquellos tormentos, desesperados, se les salían las ánimas. Una vez vide que, teniendo en las parrillas quemándose cuatro o cinco principales y señores (y aun pienso que había dos o tres pares de parrillas donde quemaban otros) y porque daban muy grandes gritos y daban pena al capitán, o le impedían el sueño, mandó que los ahogasen; y el alguacil, que era peor que verdugo, que los quemaba (y sé cómo se llamaba y aun sus parientes conocí en Sevilla), no quiso ahogallos, antes les metió en sus manos palos en las bocas para que no sonasen, y atizóles el fuego hasta que se asaron de espacio, como él quería. Yo vide todas las cosas arriba dichas y muchas otras infinitas.
(*Brevísima* 27)

Esta escena es una recreación de los hechos basada en una carta dirigida de testigos y religiosos dominicos a Las Casas.[39] Primero, el narrador describe la crueldad de los eventos con los detalles que le ofrece la memoria como armas de guerra que van a despertar el *pathos* del oyente/lector. Si bien sabemos que el narrador no presenció este evento, él se coloca como testigo ante la ejecución de los amerindios: "Yo vide todas las cosas arriba dichas y muchas otras infinitas" (27). Mary Carruthers nos recuerda que el retórico ejemplar para Cicerón es el monje/guerrero que emplea la materia de su memoria para reconstruir los eventos y combatir a los enemigos (*The Book of Memory* 142). Las Casas demuestra que el testimonio personal tiene más autoridad y fuerza (como arma retórica) que las referencias indirectas. Además, dentro del contexto legal en que se reproducen los testimonios, éstos sirven para corroborar los eventos y persuadir.[40]

Las Casas, tiende a añadir frases determinantes que realzan la crueldad y subrayan la falta de compasión en la narración de los episodios de violencia: "para que poco a poco, dando alaridos en aquellos tormentos, desesperados, se les salían las ánimas" (27). Las imágenes extremas despiertan las emociones del lector. Al rescribir lo que dicen otros testigos, Las Casas logra una eficacia discursiva que transforma la queja en evidencia. Discursivamente, el acto de conquista se convierte en un crimen que debe ser castigado.

Desde el prólogo del texto se apunta a la relación de los eventos desde la perspectiva del testigo ocular. Sin embargo, el narrador no depende solamente de la autoridad de su experiencia. La *Brevísima* recoge también los testimonios de otras voces de autoridad como la de fray

Marcos de Niza, mejor conocido por su "relación mentirosa" sobre las siete ciudades de Cíbola que supuestamente vio desde una colina.[41] La relación titulada "De los grandes reinos y grandes provincias del Perú" descansa sobre "el treslado con su propia firma" de fray Marcos de Niza que tiene Las Casas en su poder:

> Yo, Fray Marcos de Niza, de la orden de Sant Francisco, comisario de la mesma orden en las provincias del Perú [. . .] digo, dando testimonio verdadero de algunas cosas que yo con mis ojos vi en aquella tierra, mayormente sobre el tractamiento y conquistas hechas a los naturales. (160-61)

A esa nota que identifica al testigo, le sigue la relación detallada de las matanzas, introducidas por "item", palabra que distingue en los documentos legales los diferentes artículos o cláusulas que se añaden: "Item, yo afirmo que yo mesmo vi ante mis ojos a los españoles cortar manos, narices y orejas a indios e indias, sin propósito, sino porque se les antojaba hacerlo, y en tantos lugares y partes que sería largo de contar" (162).

Tanto en la escritura como en la práctica, Las Casas construye espacios, el espacio sagrado de su misión (Cumaná, la Vera Paz o las misiones que propone) a la cual no pueden entrar los colonos; y el espacio de la conquista que a su vez es el espacio de los leones, las sierpes y las bestias que "destruyen" y "despedazan" las pobres "ovejas y corderos". Para escribir sobre los eventos y narrar los episodios más chocantes, Las Casas se coloca como protagonista y espectador de la guerra. Él se encuentra dentro de estos espacios (islas, provincias, regiones) que se conectan dentro de un mapa mental donde las acciones de violencia se van a repetir. Podríamos decir que ningún documento posterior a la escritura de la *Brevísima relación de las Indias* tiene mayor fuerza testimonial, sin embargo, en este tratado de 1542, la fuerza reside en la declaración del "yo vide" de Las Casas como espectador que en ocasiones describe sus propias acciones dentro del escenario sangriento de la violencia. La violencia se encuentra en el sector "afuera" de la misión, espacio que el clérigo no puede controlar.

Las características dramáticas de la *Brevísima* son intertextuales en contenido y forma. Sin embargo, no podemos reducir el drama escritural de la *Brevísima* a una práctica intertextual, ya que solamente los factores políticos e históricos de ese "momento de la inscripción" demarcan la realidad interna y externa que se manifiesta en el texto.[42] La representación de la muerte y la violencia en la *Brevísima* apunta a otra cosa: a lo que queda, lo que aún puede salvarse. Este texto tiene destinatarios específicos: el Rey y su corte, el Consejo de Indias y los nuevos frailes que están a punto de partir hacia el Nuevo Mundo. Por un lado, es documento legal para ser leído en voz alta y un argumento a favor de las Leyes Nuevas; por el otro, es un manual didáctico para despertar la conciencia en los nuevos soldados de la fe. Las Casas resume en un "breve" tratado una muestra de los actos de violencia con la ideología, la sicología y el lenguaje propios de su proyecto anticolonizador.

El carácter diferente de la *Brevísima* es producto del contexto de la escritura, la memoria (como parte esencial de la práctica retórica), la dimensión dramática (necesaria de un texto que se produce para una audiencia específica) y las redes de significados culturales y sociales que se derivan del *locus* de enunciación. El uso de la retórica bíblica, los modos de la oralidad y el pensamiento escolástico sostienen las bases de las inexactitudes y "ficciones" señaladas en las severas críticas que se le han hecho al tratado.

Las Casas siempre se mantuvo entre extremos para promover una comunidad utópica para la convivencia pacífica entre los europeos y los amerindios, mientras describía una historia de dominación y violencia. La experiencia colonizadora iba más allá de los códigos de escritura que proponía la preceptiva humanista. Él ofrece una narrativa que germina de otros intertextos que incluyen el discurso oral, ya que ninguna otra forma ideológica puede amoldar estas experiencias sin caer en lo incoherente. Está claro que la *Brevísima* y la "Larguísima" son textos narrativos "mediadores" entre el imaginario político racional y la semántica del exceso de violencia material.

La tercera edad/La Vera Paz

Se ha señalado que no se puede pensar sobre la utopía sin medirla contra la historia, y que todo pensamiento utópico constituye un intento de escapar del determinismo y de la contingencia histórica (Leslie 145). Durante el periodo colonial hispanoamericano, la utopía literaria sirvió como paradigma metodológico que articulaba una visión para el futuro por medio de una nueva práctica occidentalista que no dejaba de ser colonizadora. El pensamiento utópico influyó profundamente la escritura de Las Casas; éste le sirvió como código para "hacer historia", para construir una representación geocultural del espacio y para elaborar una modificación representativa de lugares de cultura a lugares de prácticas sociales, políticas y misioneras. Los testimonios de la violencia y la fuerza persuasiva de los discursos utópicos y milenaristas, producto de la infusión clásica y escolástica renacentista, le proporcionaron a Las Casas los argumentos para solicitar un cuerpo de tierra para vigilar e imponer el orden cristiano con su "único modo" evangelizador. Me refiero a la fundación de una comunidad utópica; el *asiento* o reducción de la Vera Paz en Guatemala (1537). Antes de la Vera Paz, Las Casas había participado en varios proyectos de evangelización pacífica, siendo el más importante el proyecto de Cumaná, mejor conocido como el "fiasco de Cumaná". Éste fracasó, según Las Casas, por las continuadas incursiones violentas de los españoles en tierra firme.[43]

Las Casas nombró la región que había escogido para su proyecto "la Vera Paz," que significa "orilla de paz".[44] El acto simbólico de nombrar la región apunta a una comparación inmediata entre el nuevo espacio y el Viejo Mundo, oposición que no alude a la comparación lógica de la nueva comunidad cristiana con el pasado pagano prehispánico. Con el acto de nombrar y delimitar una frontera propia, Las Casas centró sus dominios "colonizando" con una suerte de poder basado en la alteridad, que le daba fuerza y materializaba su imaginario utópico. El establecimiento del asiento de la Vera Paz fue el episodio crucial que preparó el camino a la promulgación de las Leyes Nuevas de 1542 y culminó con el nombramiento del fraile dominico al Obispado de Chiapas.

En 1537, Las Casas le solicitó a don Alonso de Maldonado, *juez de residencia* y gobernador interino de Guatemala, las cédulas para el establecimiento de su reducción en la región "fragosa y pobre" de los conquistadores (Quintana 471). Las Casas señaló las condiciones para la fundación de su misión en la carta a don Alonso de Maldonado que, publicada bajo el título "Asiento y capitulación", es uno de los pocos documentos existentes sobre este proyecto. Las condiciones eran las siguientes: primero, los indígenas tendrían que pagar un tributo moderado en oro (solamente si éste existía en las tierras), algodón y maíz. Segundo, para que no fueran entregados a los encomenderos, los indígenas se convertirían en súbditos de la Corona española. Tercero, ningún español entraría al territorio de la misión por cinco años, a partir de la entrada dominicana a la Tierra de la Guerra. Y cuarto, Alonso de Maldonado sería el responsable de certificar el acuerdo con la firma del virrey y de obtener la aprobación final del Real Consejo de Indias ("Asiento" 149-56). En 1540, el Consejo de Indias aprobó finalmente la cédula real para el establecimiento de la reducción. Éste fue un momento decisivo para

Las Casas y los dominicos Luis Cáncer, Rodrigo de Ladrada y Pedro de Angulo, quienes fungieron como líderes y fundadores del proyecto. La descripción y la interpretación de las culturas que habitaban la Tierra de la Guerra y la narración de la experiencia de los dominicos son fundamentales en la comprensión de la relación entre la escritura de la historia, la acción social y la ideología. Las Casas no trató en su *Historia de las Indias* sus esfuerzos misioneros en la Vera Paz, pero sí describió detalladamente en la *Apologética historia sumaria* la cultura del lugar de Tuzulutlán, "el reino más poderoso que había en munchas leguas de circuito de lo que nosotros llamamos Guatimala" (I: 650).

La representación de las virtudes cristianas y ejemplares atribuidas al sujeto amerindio proveía un paradigma más convincente y provocador para las naciones europeas. El texto etnográfico de la *Apologética historia sumaria* trata los orígenes, las leyes y las prácticas materiales de matrimonios y funerales. En el capítulo titulado "Se consideran las leyes de los indios de la Vera Paz en relación al Decálogo", Las Casas, como sujeto-etnógrafo, compara las prácticas amerindias con los diez mandamientos, lo que modifica y legitima el discurso etnográfico. Como discutiré más ampliamente en el próximo capítulo, el método comparativo es uno de los instrumentos más persuasivos en la representación de las culturas desconocidas durante el Renacimiento (Hodgen 297) y por este medio, Las Casas ofrece evidencia concreta de que los amerindios de la región siguieron el decálogo sin conocerlo, con la excepción del primer mandamiento.

> Cuanto al primero, que prohíbe la idolatría, y por el cual se ha de honrar y adorar y servir a solo un Dios verdadero, erraban en esto primero, estimando por dioses los que no lo eran; pero, en la verdad, su intinción en concuso no andaba buscando o rastreando si no a aquél que les había dado el ser y sembrado e impreso en sus ánimas la lumbre con que lo buscasen y apetito con que lo deseasen, y lo que cerca de los dioses falsos hacían, en reverencia dél, por la mayor parte, aunque confusísimamente, lo estimaban hacer. (*Apologética* II: 519)

En este fragmento vemos otra instancia en la que la narración se inspira en la mitología y las leyendas clásicas y patrísticas que podían identificar los lectores. Al describir las creencias religiosas de los indígenas de Guatemala, se destaca la creencia en "la boca del infierno" que se encontraba en un pueblo de la Vera Paz: "Afirmaban que había bocas de infierno y que una estaba en un pueblo de la Vera Paz, llamado Cobán, y que la había tapado aquel diablo Exbalanquen [. . .] (*Apologética* II: 506). Las Casas narra cómo un religioso cortó el árbol al que temían los indígenas y eventualmente "se perdió el miedo que el demonio en aquella gente había engendrado" (II: 507). En este episodio, la Tierra de la Guerra se revela como un espacio sagrado y Cobán, localizado precisamente en el centro de este territorio neutral, se identifica con las tres regiones cósmicas. De acuerdo a Mircea Eliade, el *axis mundi* en la literatura clásica era el lugar de encuentro entre el cielo, la tierra y el infierno (*Cosmos and History* 12-13). En el mismo espacio donde se encuentran las bocas del infierno, Las Casas ubica el portal al cielo; lugar sagrado protegido política y religiosamente por el Obispado de Chiapas (1543-1550). Entre los eventos históricos y la retórica persuasiva, la experiencia personal de Las Casas se sitúa en el mismo espacio neutral e utópico que legitima los derechos a una misión y le da más fuerza a su protesta sobre el maltrato y la esclavitud de las sociedades amerindias.

En la *Apologética*, el sujeto enunciador actúa como mediador y traductor trasatlántico del código de valores europeos y de las costumbres indígenas. En 1536, el Papa Pablo III da a conocer la bula papal "Sublimis Deus" donde se determina que los amerindios tenían capacidad racional, característica esencial del ser humano, indispensable para lograr un estado ideal. Sin embargo, estaba claro que el conocimiento de la fe verdadera y de un solo Dios, se revelaba únicamente en la doctrina cristiana, dentro del espacio neutral de las dos culturas que, para Las Casas, era ese espacio fundado por él, la Vera Paz. Es por esta razón que no podemos separar el acto de escritura de la práctica. Como respuesta a la bula papal, Las Casas tiene que demostrar con evidencia concreta que los amerindios pueden convertirse con facilidad al cristianismo y con esto en mente escribe su tratado de conversión para guiar a los misioneros. Entre "el fiasco de Cumaná" y el establecimiento del asiento de la Vera Paz, Bartolomé de las Casas escribió *Del único modo de atraer a la gente a la verdadera religión* (1535-1536).[45] En este tratado Las Casas señala que, de acuerdo a la naturaleza del ser humano, las doctrinas cristianas y el dogma de la Iglesia, solamente hay un modo correcto de practicar la fe cristiana:

La Providencia divina estableció, para todo el mundo y para todos los tiempos, un solo, mismo y único modo de enseñarles a los hombres la verdadera religión, a saber: la persuasión del entendimiento por medio de razones y la invitación y suave moción de la voluntad. Se trata, indudablemente, de un modo que debe ser común a todos los hombres del mundo, sin ninguna distinción de sectas, errores, o corrupción de costumbres. (65-66)

Las Casas argumenta en el texto que todos los pueblos están predestinados para la salvación, ya que por ley natural poseen la racionalidad e inteligencia necesarias para comprender los principios de la fe. En el tratado, él establece los términos prácticos para el éxito de la empresa misionera: el destinatario tiene que comprender que el predicador no intenta gobernar a sus pueblos motivado por el deseo de poseer riqueza (249), el predicador debe hablar de una manera "dulce, gentil y benevolente" (255); además, debe seguir el ejemplo de amor y caridad hacia la humanidad de San Pablo (263); el predicador debe vivir una vida ejemplar y, para obrar virtuosamente, debe seguir una vida que no sea reprochable (263).[46] La preceptiva retórica lascasiana refleja la intensa preocupación por la retórica y la persuasión con dos objetivos: primero, intensificar la actividad misionera para lograr la conversión de los indígenas y, en segundo lugar, promover la pacificación de los colonos españoles.

El "único modo" de Las Casas causó conmoción entre los encomenderos en México y Guatemala, sin embargo, estos no se opusieron a la petición de la provincia de Tuzulutlán, la última región que quedaba por colonizar (zona mejor conocida entre los encomenderos y soldados como la Tierra de la Guerra).[47] En una carta del obispo Marroquín al Emperador, éste explica que los colonos no se opusieron a la petición de Las Casas porque querían pasarse al Perú y dejarle esa tierra "no para españoles que no se contentan con poco" a los frailes que eran sus enemigos (Quintana 470-71). Los esfuerzos de Las Casas de fundar y vigilar las actividades humanas en un espacio propio se presentan como evidencia crucial en la defensa de sus ideas sobre el proyecto colonizador.

CONCLUSIÓN

Beatriz Pastor ha señalado que, para comprender la compleja dinámica de la conquista, tenemos que olvidar el paradigma utópico ofrecido por Moro y los intelectuales renacentistas. No es que Pastor rechace la insistencia en una práctica o un discurso utópico en la América colonial; lo que ella propone es que lo utópico adquiere, en este caso, un valor diferente. La dinámica utópica durante la conquista ofrece una perspectiva de la representación, la percepción y la apropiación del Otro y de la identidad definida por la subjetividad colonial ("Utopía y conquista" 106-07). Es un tanto problemático tratar la influencia del pensamiento de

Moro en la ideología de Las Casas, particularmente porque ambos escriben desde contextos espacio-temporales totalmente diferentes. No obstante, estos dos intelectuales utilizan los instrumentos que les proveen la oratoria y la retórica forense para proponer y, en el caso de Las Casas para fundar, una comunidad cristiana ideal.

Las Casas ofrece evidencia de que los amerindios serán los ciudadanos ejemplares; su estrategia más convincente es presentar al Nuevo Mundo como el lugar de la historia anunciado ya en las profecías bíblicas. Pero este nuevo espacio también era el lugar de las contradicciones y de la diferencia. La Vera Paz ofrecía los límites de la frontera pero, metafóricamente, Las Casas sugería el camino a seguir, "su único modo" que era únicamente el comienzo de la tercera edad, la del Espíritu Santo, profetizada por Joaquín de Fiore. La historia y la visión de la historia que Bartolomé de las Casas nos presenta, ofrece dos visiones del Paraíso: el jardín del Edén del pasado (perdido con la conquista) y la visión futura de un Paraíso rescatado en el Nuevo Mundo. Su jardín del Edén se nutre de la tradición judeo-cristiana para resituar, intelectual y textualmente, la experiencia de Colón y en este modo tomar parte del debate eclesiástico sobre la existencia del Paraíso en algún lugar de la tierra. Hay una transformación importante que toma punto en la escritura de Las Casas, el tema de la narrativa es, obviamente, el cambio de un estado natural a un estado de cultura, humanidad y cristianismo.

En este capítulo sólo he explorado algunos de los temas que pueden apuntar a cómo el bagaje cultural, lo personal (esa experiencia propia del ser) y lo político tienen su manifestación en el discurso de la historia y en la práctica utópica de Las Casas. La cuestión de la representación, la evidencia (que aporta toda la cultura intelectual), la agencia y el sentido de responsabilidad son problemas críticos cruciales en la construcción de las identidades amerindias y en la crítica del dominio español.

Debemos recordar que la construcción textual de los espacios geográficos, culturales y sociales es necesaria en cualquier indagación de la naturaleza de la agencia personal y que los proyectos sociales inspirados por el "sueño utópico" no pueden excluirse de la lectura crítica de la historia. Lo que ofrecen los textos lascasianos es una reflexión de las acciones propias en plena justificación. En la misma carta del Obispo Marroquín, quien respaldó los esfuerzos misioneros en la Tierra de la Guerra, también se lee al final: "Digo todo esto porque sé que el Obispo de Chiapa y los religiosos han de describir milagros... yo sé que él ha de escribir invenciones e imaginaciones que ni él las entiende, ni entenderá mi conciencia" (Quintana 471). El espacio ocupado y los lugares comunes de la escritura de la historia de Las Casas legitimaron el proyecto utópico, tanto en la teoría como en la práctica, pero más que eso su escritura fue otra forma de intervención política que sirvió para justificar las acciones que abrazaron todo lo personal: la autodefensa, los deseos, las ansiedades y la creación de ese espacio sagrado de la historia en el cual se colocaba como protagonista.

Además, he querido plantear en este capítulo que la "hiperbólica" representación de la muerte y la violencia es una construcción retórica que le otorga coherencia a la violencia incomprensible. Del horizonte cultural e ideológico renacentista se incorporan los mitos y los símbolos del discurso de "lo verdadero"; símbolos evidentes y necesarios en las formaciones discursivas de los dos bloques antagónicos españoles: por un lado, el cuerpo clerical y, por el otro, los colonos, encomenderos y representantes político-militares de la Corona española.

En resumen, en los textos de Las Casas se deja establecida la disyuntiva providencial del nuevo hemisferio como el espacio sagrado para el nuevo apostolado católico. Las Casas logra esto con el uso de las metáforas geográficas y con un discurso sobre el derecho a pertenecer y a defender un lugar.

Fig. 5 El español ante los indios en la Brevísima
Theodore De Bry (1598)
Benson Library, University of Texas-Austin

Capítulo V

Alteridad y violencia del discurso colonial

En la *Historia de las Indias* y en la *Apologética historia sumaria* se incorpora un discurso etnológico comparativo con dos propósitos: primero, la taxonomía y la descripción empírica sirven para describir las culturas encontradas y, segundo, establecen una comparación entre los amerindios y los cristianos españoles. Además, ambos textos justifican los principios teóricos y filosóficos que sostienen las demandas anticoloniales ante el imperio. En este capítulo me detengo en el análisis del discurso etnográfico y la apropiación reflexiva del paradigma clásico en las polémicas coloniales de *ius naturale* e *ius gentium* para demostrar cómo los dilemas de la antropología interpretativa moderna (quién representa las culturas marginadas, dónde, cómo y por qué) han estado presente desde temprano el siglo XVI en los discursos historiográficos.[1] Evalúo la clasificación del Otro como un proyecto retórico y teórico a través del cual la escritura genera significados ideológicamente cargados de percepciones que se nutren de la historia, el lenguaje y la violencia simbólica de la cultura occidental. Mi propuesta es que las anécdotas y los episodios que sirven para describir las culturas amerindias funcionan para denunciar la injusticia de las guerras de los españoles y, asimismo, para apelar a la conciencia del lector, sujeto que reside adentro del orden colonial e imperial.

En ambos textos, el punto de arranque es la comparación entre los amerindios y la descripción bíblica de los pueblos primitivos que vivían en estado de pureza original antes de la caída:

[. . .] como andaban todos desnudos, como sus madres los habían parido, con tanto descuido y simplicidad, todas sus cosas vergonzosas de fuera, que parecía no haberse perdido o haberse restituido el estado de inocencia, en que un poquito de tiempo, que se dice no haber pasado de seis horas, vivió nuestro padre Adán. (*Historia* I: 202)

La descripción se centra en el espíritu de colectivismo que reinaba entre los pueblos amerindios, la falta de codicia, el amor a la paz y la inocencia. La "etnología utópica" (Rabasa) que funda la imagen del salvaje noble va más allá de las descripciones del cuerpo físico, el retrato moral y las prácticas materiales y religiosas para establecer analogías y semejanzas entre los pueblos amerindios y la sofisticada cultura europea.[2] Más que una representación, leemos una argumentación profundamente compleja que textualiza la alteridad a la luz del humanismo, el pensamiento tomista de la unidad del alma y el cuerpo y la urgencia política para modificar la condición colonial.

Los discursos etnográficos en los textos de Las Casas se tienen que leer conjuntamente con los documentos jurídicos y teóricos presentados en el debate en Valladolid de 1550-1551 ante especialistas en teología, derecho canónico y derecho civil.[3] Subyace en el análisis de Las Casas que la representación que se ha hecho de los aspectos culturales amerindios justifica el *dominium*, las guerras y la esclavitud en las colonias y, por tanto, es necesario rectificar y refamiliarizar al lector con la humanidad, civilidad y *vera nobilitas* de los pueblos americanos.[4]

El cronista imperial Juan Ginés de Sepúlveda basó las teorías propuestas del *Democrates secundus* y la *Apología* (contra Las Casas) en la monumental *Historia general de las Indias* (1535) de Gonzalo Fernández de Oviedo.[5] Este primer cronista y etnógrafo de Indias desplegó un verdadero discurso colonial porque justificó la encomienda y todos los aparatos represivos que fueron impuestos en las colonias.[6] Fernández de Oviedo presentó una visión degradante de los pueblos amerindios que comprobaban los planteamientos de falta de humanidad y barbarie que se materializaban en la sodomía, la poligamia, el canibalismo y la violencia.[7] Las Casas, cuando exalta las culturas aborígenes, no sólo le responde a Sepúlveda pero sirve la ocasión para impugnar a Fernández de Oviedo como fuente de autoridad.[8] En la *Apología*, Las Casas subraya:

Presenta Sepúlveda, como confirmación de su pestilentísima opinión, a un cierto Fernández de Oviedo, quien escribió, sobre asuntos indianos, una "Historia General", como él la llama. En el libro 3, capítulo 6 de su obra, Oviedo escribe que la gente de la Isla Española era vaga, ociosa, mendaz, inclinada al mal y expuesta a muchos vicios, de floja memoria, inconstante, perezosa, desagradecida e incapaz de cualquier cosa. Dice

además Oviedo que, aunque ellos (los indios) son algo virtuosos durante la adolescencia, al entrar en la edad viril, caen en abominables vicios.
Después en el capítulo 9 del libro 6, al referirse a los habitantes del
continente, los llama salvajes, crueles, incorregibles [. . .]. No se aver-
gonzó Oviedo de escribir estas mentiras, aquí y allá, en diversos pasajes
de su historia, por la que él, neciamente, se promete obtener la inmorta-
lidad. (633)

Juan Ginés de Sepúlveda también se nutrió de los argumentos del experto en derecho eclesiástico, Juan López de Palacios Rubios, para demostrar que los indígenas eran esclavos por naturaleza. Palacios Rubios fue
autor del polémico requerimiento, controversial instrumento de poder
político y "ritual de conquista" (Seed 88).[9] Las Casas describe el documento que incorcorpora en su totalidad, como una "cosa de reír o llorar"
(III: 31). El requerimiento exhorta a los indígenas a abrazar la fe cristiana
en una lengua desconocida para los originales de las islas y la tierra firme. Asimismo, señala que Dios es el creador, San Pedro y sus sucesores
"señor y gobernador de todos los hombres del mundo" (III: 26) y si no se
acogieran los indígenas a la Iglesia católica se amenaza con que "entra-
remos poderosamente contra vosotros y vos haremos guerra por todas las
partes y manera que pudiéremos, y vos subjetaremos al yugo y obediencia de la Iglesia [. . .]" (III: 27).

Greenblatt, quien ha comentado el requerimiento como muestra del
colonialismo lingüístico del siglo XVI, ha subrayado que éste al implicar
que no existe una barrera lingüística entre los amerindios y los europeos
españoles se convierte en causa de las injusticias de la conquista: "The
belief that a share essence lies beneath our particular customs, stories,
and language turns out to be the cornerstone of the document's self-
righteousness and arrogance" (*Learning to Curse* 30). Como he demostrado hasta ahora, la *Historia de las Indias*, no es tanto una historia de las
primeras tres décadas de conquista, como describe Las Casas su proyecto, sino una refamiliarización de los "eventos" legales que definieron la
condición colonial y la experiencia española en el Nuevo Mundo.[10] Lo
importante es que estos eventos no son solamente históricos, pero también lingüísticos, filosóficos y religiosos. Cada carta, legislación o documento que sirve de evidencia de las prácticas políticas coloniales y los
valores que subyacen detrás del proyecto expansionista quedan "catalo-
gados" en la *Historia* que trasciende como evento legal, religioso, político, personal y cultural.

LA HUMANIDAD ES UNA

En la junta de 1550-1551, Las Casas lee la *Apología*, escrita en latín, lo que él llama la primera parte de su defensa, constituyendo la segunda, la extensa *Apologética historia sumaria*. Filosóficamente, Las Casas establece sus coordenadas dentro del esquema escolástico-tomista basado en la lógica de la *quaestio* y las normas del tratado de las *obligationes* que Domingo de Soto recapitula en su *Lógica* (Beuchot, *Los fundamentos* 112). Las Casas responde, punto por punto, a los planteamientos de Sepúlveda expuestos en el *Democrates secundus* y en la *Apología* que ya había sido publicada en Roma. Las Casas, además de aludir a la bula papal de Alejandro VI, disputa la doctrina de Juan Maior, otra de las fuentes básicas de Sepúlveda. Maior planteaba que la guerra contra los indígenas era justa y que el "príncipe (pagano) debe ser privado de su jurisdicción, para que sus súbditos puedan profesar la fe católica" (*Apología* 611). Según Las Casas, la opinión del teólogo e historiador escocés no tiene ninguna fuerza y "tiene un cierto sabor a herejía" (613). Maior se basaba en Tolomeo y, esencialmente, en la *Política* de Aristóteles para señalar que los habitantes de las Antillas eras bestias y, por ende, esclavos naturales (Pagden, *The Fall of Natural Man* 38).[11]

Francisco de Vitoria, quien había muerto en 1546, emerge como fuente de autoridad entre los "pareceres" profundamente opuestos de Las Casas y Sepúlveda.[12] Las condiciones para la guerra que dicta Vitoria, según son repetidas por Sepúlveda, quedan anuladas por Las Casas al establecer que éste interpreta erradamente al profesor salmantino. Según Las Casas, "aquel doctísimo padre", Vitoria, ofreció las bases filosóficas de las propuestas de defensa de los indígenas que tenían la capacidad de entender y seguir los principios de la ley natural. Por tanto, los españoles habían desatado una cruel e injusta violencia militar para fundar una sociedad cristiana. Las Casas apunta claramente en la *Apología* que Vitoria refuta los siete títulos "por los cuales la guerra contra los indios parece ser justa" (627). Hay que dejar establecido que Vitoria utiliza los textos bíblicos como autoridad para señalar que el príncipe siempre debe mantener la paz por todos los medios. Además, él manifiesta su preocupación por las muertes de los enemigos de guerra y cuáles deben de ser los objetivos bélicos (Vitoria 103).

Los que han comentado el debate, han demostrado cómo Las Casas entra y sale del esquema aristotélico que divide la humanidad entre los dominadores y los dominados para refutar las causas de la justicia de las guerras.[13] En términos generales, Las Casas no se opone a los principios aristotélicos sino que arguye con los mismos principios de su enemigo que los indígenas no son siervos *a natura*. Los fundamentos aristotélicos de la esclavitud, como bien ha apuntado Pagden, se definen en la sicología y la fisiología del esclavo (*The Fall of Natural Man* 44-45). La evidencia empírica que ofrece Las Casas apunta a las bases del filósofo griego. En la *Apología*, Las Casas responde a las posiciones aristotélicas de Sepúlveda y, en el epílogo de la *Apologética historia sumaria*, define las especies de barbarie para evitar "impropiedad y confusión" y objetar la aplicación del término a los indígenas (II: 637). Según Las Casas, la primera categoría es amplia e incluye falta de razonamiento, indicaciones de ferocidad, desorden y falta de control de las pasiones (II: 637); la segunda, "más estrecha", apunta a la comunicación y "la falta de letras" (II: 638); la tercera, "designa aspereza y degeneración de costumbres" (II: 641); y la cuarta, es sinónimo de gentilidad (II: 645).

Lewis Hanke insiste en que no debe de existir duda de la relación que tienen todos los textos de Las Casas entre sí (*La humanidad es una* 20). Esto queda claro en la *Historia de las Indias*, texto que reúne todos los argumentos contra la esclavitud amerindia y es epítome de la producción escritural anterior al año 1552. En el primer libro y, con mayor énfasis, en el segundo, Las Casas retoma los argumentos de la *Apología* y de la *Apologética* para hacer historia, esta vez con la evidencia del que ha vivido dentro de la cultura del Otro.

AUTORIDAD ETNOGRÁFICA

La erudición clásica fomentó un paradigma descriptivo e interpretativo extremadamente útil para el periodo de conquistas y exploraciones (Rowe 1).[14] Se ha afirmado que los orígenes de la práctica etnográfica renacentista deben encontrarse en la metodología seguida por Herodoto en los nueve libros de su *Historia* (425 a. C.) (Hodgen 25). Herodoto, al describir las prácticas materiales de las culturas desconocidas que observó en sus viajes, se convirtió en el modelo de los historiadores y los etnógrafos renacentistas después de la traducción de Lorenzo Valla.[15] El método etnográfico de Herodoto se basaba en la comparación cultural de lo visto con lo conocido y en la investigación de los datos que le llegaban por rumores o entrevistas con testigos (Hodgen 22). Las lecturas clásicas en el Renacimiento influyeron la práctica historiográfica-antropológica que iba más allá de la compilación de costumbres y descripción de culturas ignotas. Como demuestra Hodgen, la práctica antropológica de los siglos XVI y XVII manifiesta un esfuerzo de tratar los problemas intrínsicos en la comprensión de una cultura extraña. En los textos coloniales vemos cómo los procedimientos etnológicos de Herodoto y, el otro historiador-antropólogo clásico, Tácito, ofrecen un modelo epistemológico para representar la alteridad.

El proyecto básico de Las Casas fue su propuesta sobre la existencia de la unidad dentro de la diversidad. Para demostrar sus convicciones, él subrayó su experiencia dentro de la cultura del Otro. Por medio de las actividades misioneras, Las Casas establece una relación con los amerindios que lo embiste de autoridad para describir e interpretar las creencias y prácticas de los indígenas. Las Casas se autorrepresenta como traductor y mediador al establecer su relación con las comunidades indígenas. Se encuentra afuera de la cultura del Otro por ser español, pero adentro de la indígena por la autoridad de la experiencia, de haber participado y de haberse identificado de manera directa con la realidad amerindia.

El texto elabora la aceptación del "clérigo Casas" dentro del espacio amerindio cuando se señala: "Tenían ya noticia de que allí estaba el clérigo, que ellos como sacerdote o hechicero de los suyos estimaban, así lo llamaban *behique*, y era y siempre fué dellos y de los demás como hombre divino y reverenciado" (II: 532). En otra instancia añade:

> [. . .] y porque vían los indios que el padre hacía por ellos, defendiéndolos y halagándolos y también baptizando los niños, en lo cual les parecía que tenía más imperio y auctoridad que los demás, cobró mucha estima y crédito en toda la isla para con los indios, allende que como a sus sacerdotes o hechiceros o profetas o médicos, que todo era uno, lo reverenciaban. (II: 535)

Al identificarse y ser identificado culturalmente con el indígena, él se convierte en observador-participante de la otra cultura; elimina las barreras culturales y religiosas, y se ubica dentro de la realidad social del Otro. Además, el hecho de construirse como sujeto de autoridad dentro de la cultura amerindia, sirve como punto de comparación de sus interacciones con los colonos y los encomenderos en el Nuevo Mundo.

Es evidente que la *Apologética historia sumaria* y la *Historia de las Indias* exhiben preocupaciones de la práctica etnográfica contemporánea de cómo representar el punto de vista e interpretar los símbolos y significados de las prácticas materiales del Otro.[16] Las Casas manipula conscientemente el lenguaje y la estructura de la narración para ofrecer al lector una descripción que va de lo ameno a lo caótico, de acuerdo a la impresión que quiere causar del Otro y de la conquista. La dimensión etnográfica de la *Historia* incluye una visión introspectiva de los atributos

físicos, sicológicos y morales que incorpora una descripción de las ceremonias y los episodios, que por su naturaleza, definen el comportamiento
y las actitudes amerindias. La narración de estos eventos cuidadosamente
seleccionados presenta una perspectiva de amplias repercusiones socio-
políticas cuando la comparamos a la visión de las culturas amerindias de
Fernández de Oviedo. Esta representación no es totalmente negativa ya
que describe aquellas habilidades del indígena que le serían útiles al conquistador, por ejemplo que eran excelentes nadadores, recogedores de
perlas y productores de frutos y bienes domésticos (Merrim, "The Aprehension of the New" 177). Ahora bien, la representación de Oviedo contribuye enormemente a la idea del salvaje/bárbaro de inclinaciones
diabólicas que vive en el Nuevo Mundo.

Las Casas se apoya en autoridades como Aristóteles, Platón, San
Agustín y Santo Tomás para demostrar la superioridad de las leyes, el
orden y la racionalidad de los indígenas. En constante referencia a sus
planteamientos del debate, Las Casas describe la vida comunitaria con
los atributos de humanidad, lengua y civilidad aristotélicos: "cuánta era
la paz y amor y liberalidad y comunicación benigna y fraternidad natural
que entre estas gentes, viviendo sin conogcimiento del verdadero Dios,
había y cuanto aparejo y disposición en ellos Dios había puesto para im-
buirlos en todas las virtudes" (I: 369). El inventario cultural, religioso y
político de los pueblos americanos descentra y le quita autoridad a la
Historia natural y moral de Fernández de Oviedo. No obstante, la estrategia más notable para hacerlo es describir los mismos aspectos culturales que atraen al cronista oficial. Ambos utilizan el método comparativo
y enfocan las características del cuerpo físico para ennoblecer o degradar
las culturas nativas. La importancia de la unión "alma-cuerpo" es esencial en la representación de la alteridad renacentista y colonial. Las Casas
se atiene firmemente a los principios tomistas que sostienen que lo bello
y la belleza pertenecen al ámbito de la divinidad. Para Santo Tomás,
Dios es belleza porque es uno de los atributos que imparte a todas las
criaturas de acuerdo a sus propiedades (Eco 28).[17]

En la *Historia de las Indias* se establece una comparación entre los
amerindios con los pueblos germanos descritos por Julio César y Tácito
y, más concretamente, entre los lucayos y la tribu Seres (del África) des-
critas en las historias de Plinio, Estrabón, Solino, Boecio, Pomponio Me-
la y San Isidoro (I: 203):

> Y, verdaderamente, para en breves palabras dar noticia de las buenas
> costumbres y cualidad que estos lucayos y gente destas islas pequeñas,
> que así nombramos, tenían, y lo mismo la gente de la isla de Cuba,

aunque todavía digo que a todas hacía ventaja esta de los lucayos, no
hallo gente ni nación a quien mejor la pueda comparar, que a la que
los antiguos y hoy llaman y llamamos los Seres, pueblos orientales de
la India, de quien por los autores antiguos se dice ser entre sí quietísi-
mos y mansísimos; huyen de la conversación de otras gentes inquie-
tas, y por este miedo no quieren los comercios de otros. (I: 202-03)

Las prácticas religiosas, sociales y sexuales que le sirven a Gonzalo Fernández de Oviedo en su esquema conceptual colonialista se van a convertir en el texto lascasiano en los símbolos y "la materia prima" que
demostrará la capacidad racional y, sobretodo, la superioridad cultural de
los indígenas:

> Entre ellos no hay mujer adúltera, ni ladrón se lleva a juicio, ni jamás
> se halló uno que matase a otro; viven castísimamente, no padecen ma-
> los tiempos, no pestilencia; a la mujer preñada nunca hombre la toca
> ni cuando está en el tiempo de su purgación; no comen carnes inmun-
> das, sacrificios nunca tienen; según las reglas de la justicia, cada uno
> es juez de sí mismo, viven mucho y sin enfermedad pasan desta vida,
> y por esto los historiadores los llaman sanctísimos y felicísimos.
> (I: 203)

Está claro que la perspectiva etnográfica de Las Casas también tiene una
dimensión rectificadora y empírica que incorpora todos los aspectos que
le atribuyen *vera nobilitas* al indígena.

Si en el siglo XVI prevalece la teoría de la *climata* para explicar la
disposición física, natural y moral de los habitantes de una región, entonces, el cuerpo físico es indicativo del carácter, las virtudes morales o los
vicios.[18] Esto explica por qué en los textos de viajeros encontramos ano-
taciones de la descripción física y las curiosidades culturales encontradas. La discusión de la belleza y la perfección del cuerpo físico amerindio no es sólo una confirmación del discurso colombino, sino también
una parte fundamental de su defensa ante las aberraciones de Gonzalo
Fernández de Oviedo. Además, se presenta un conocimiento que prepara
al lector que escuchará sobre las mutilaciones y la destrucción de esos
cuerpos admirables. Hay que recordar que Fernández de Oviedo subraya
el canibalismo, la sodomía y la idea de que el cráneo de los indígenas era
excesivamente grueso en comparación al de los europeos, tres aspectos
donde el cuerpo es el elemento transgredido o evidencia de la inferiori-
dad y la barbarie.

EL ANTICRISTO SUELTO EN LAS INDIAS

De la *Germania* de Tácito, Las Casas extrae un paradigma etnográfico y un método comparativo que le sirve de modelo para subvertir la oposición civilización y barbarie. Según Andrea Alciato, Tácito era de los historiadores romanos el más sobresaliente al ofrecer en sus historias una guía de conducta a la luz de los malos príncipes y un concepto de prudencia que complementaba los dictados de Cicerón (Salmon 310). Es fundamental, dentro del contexto de las apropiaciones de Las Casas, que Tácito opone las virtudes de los germanos a los vicios y la corrupción de la civilización romana. Él utiliza el tópico de la Edad de Oro y del buen salvaje dentro del contexto didáctico y crítico de los valores morales romanos. Esto convierte su proyecto historiográfico en autoridad y modelo ejemplar de los historiadores humanistas interesados en las culturas que vivían en los márgenes del imperio.

Las Casas subraya todos los aspectos que favorecen la representación de un sujeto de fácil conversión al cristianismo y que desmitifica la imagen "antiprimitivista" que Fernández de Oviedo promueve al describir los indígenas y sus prácticas satánicas. El dilema del paganismo amerindio se resuelve en la explicación del sincretismo religioso de los ritos, las creencias y las actitudes de aceptación de los símbolos de poder del cristianismo. En la *Historia* se demuestra que los indígenas ya sabían de la Santísima Trinidad y del Diluvio:

> Cognoscimiento tenían estas gentes de Cuba, de que había sido en cielo y las otras cosas criadas, y decían que por tres personas, y que la una vino de tal parte y la otra de tal, con otras patrañas; yo les decía que aquellas tres personas eran un verdadero Dios en Trinidad,etc. Tuvieron noticia grande del Diluvio, y que se había perdido el mundo por mucha agua. Decían los más viejos de más de sesenta años, que un hombre sabiendo que había de venir el Diluvio, hizo una nao grande, y se metió en ella con su casa y muchos animales, y que envió un cuervo, y no volvió por comer de los cuerpos muertos, y después envió una paloma [. . .]. (II: 516).

La noción del buen salvaje que se instruye en las verdades de la fe por vía natural es un lugar común de la producción textual de Las Casas. De las *Décadas* de Pedro Mártir de Anglería y de la biografía de Fernando Colón, él traslada el episodio del anciano indígena "que andaba como sacerdote vestido" que en su "razonamiento" con el primer Almirante, le dijo:

[. . .] dos lugares hay en la otra vida donde van las ánimas de los cuerpos salidas, uno malo y lleno de tinieblas, guardados para los que turban y hacen mal al linaje de los hombres; otro lugar es alegre y bueno, donde se han de aposentar los que, mientras acá vivieren, aman la paz y quietud de las gentes; y por tanto, si tu sientes que has de morir y que cada uno según lo que acá hiciere, acullá le debe de responder el premio, no harás mál ni daño a quien contra ti mal ni daño no cometiere y esto que aquí habéis hecho es muy bueno, porque me parece que es manera de dar gracias a Dios. (I: 391)

Al interpretar este episodio, Las Casas señala: "No es de maravillar que aquel viejo dijese al Almirante tales cosas de la otra vida, porque comúnmente todos los indios destas Indias tienen opinión de las almas no morir" (I: 392). Ahora bien, lo que Las Casas calla y pone en boca del "anciano sabio y no cristiano" es la irrebatible amenaza a aquellos españoles que le hicieran daño. Este episodio funciona como frontera textual entre la narración de las actitudes de los amerindios ante los cristianos y la descripción de las acciones de violencia de los soldados españoles ordenadas por líderes como Nicolás de Ovando, Alonso de Ojeda, Martín Fernández de Encino, Hernán Cortés, Francisco Pizarro, Diego Velázquez, Vasco Núñez de Balboa y Pánfilo Narváez.

Como hemos visto, Las Casas invierte la concepción religiosa. Mientras los indios adoran a la Virgen, los españoles revelan inclinaciones depravadas y, ciertamente, anunciadoras del anticristo:

[. . .] los españoles adoraban dos ídolos en estas tierras, uno mayor y otro menor: el mayor era el que repartía los indios, al cual al contentarlo, por que diese a no quitase los indios, hacían mil maneras de cerimonias, lisonjas y mentiras y honores, en lugar de sacrificios; el ídolo menor eran los desventurados indios, a los cuales no estimaban ni amaban y adoraban las personas, sino el uso, trabajos y sudores, como se usa del trigo, del pan o del vino [. . .]. (II: 558)

El texto alude a los indígenas del pueblo de Cueyba (Cuba) como devotos cristianos que adoran voluntariamente la imagen de la Virgen que les había dejado Alonso de Ojeda. Las Casas, al llegar el poblado comenta: "Era maravilla la devoción que todos tenían, el señor y súbditos, con Sancta María y su imagen. Tenían compuestas como coplas sus motetes y cosas en loor a Nuestra Señora, que en sus bailes y danzas, que llamaban areytos, cantaban dulces, a los oídos bien sonantes" (II: 534). Las ceremonias de los *behiques* o sacerdotes se comparan con las de otras culturas paganas "como fué costumbre en todas las naciones del mundo que carecieron del cognoscimiento del verdadero Dios" (II: 515). Esto sirve de ejemplo y razón para amonestar a los españoles que le declaran la guerra a los pueblos indígenas con la justificación del paganismo: "De cualquiera destas supersticiones, y de tener respuestas del demonio echan luego mano los españoles para blasfemar destas gentes, y piensan que por aquellos supersticiones tienen mayor derecho a roballas, oprimillas y matallas [. . .]" (II: 515). No es que Las Casas eluda la presencia del demonio en la cosmogonía indígena, ciertamente, él señala en la *Apologética* sus manifestaciones en las prácticas religiosas y eventos sobrenaturales. No obstante, el dominico se atiene a los principios del naturalismo tomista para explicar la idolatría. Francisco Cervantes subraya: "Las Casas's agreement with Aquinas on the question of the relation between nature and grace allowed him to give a naturalistic explanation to the problem of idolatry; but also allowed him to use diabolism as a justification rather than a condemnation of Indian religions" (33).

El problema del reconocimiento del paganismo desde una perspectiva humanista y cristiana es un momento climático en los enunciados lascasianos. Hay que considerar que el pretexto del paganismo para justificar la violencia no era un tópico únicamente relativo a América; la moralidad de la guerra contra los moros, específicamente contra el imperio Otomán que amenazaba la Europa cristiana durante las primeras décadas del siglo XVI, era un tema de mucha controversia.[19] Erasmo, reflexionó sobre la cuestión otomana en *De bello turcico* (1530), tratado donde su humanismo cristiano de unificación y aceptación del Otro se comprometía en una representación de los turcos con imágenes de barbarie, falta de virtud moral y pasión por la riqueza material (Hampton, "Turkish Dogs" 60).

La preocupación por la virtud moral funciona como guía del humanismo cristiano de Las Casas, la cual se vincula al pie de la letra con las propuestas y la retórica acusatoria de Erasmo.[20] La notable influencia de Erasmo sobre Las Casas no se limita a los argumentos de moralidad y ejemplaridad (ya definidos en las historias y los tratados de los historiadores florentinos), pero también se observa en la crítica de la hipocresía del europeo cristiano que hace la guerra y se declara contra el dogma. Erasmo, al partir de una exégesis bíblica, rechaza la institucionalización de la discordia y señala que esta es causa de "la ambición tiránica de algunos príncipes cuyas pasiones, refrenadas en los tiempos de paz por las leyes enérgicas y fuertes consejeros, tratan de liberarse en la discordia" (Fernández Santamaría 139). Los principios de aceptación y unidad del reino cristiano que propone Erasmo entran en su propia contradicción como los de Las Casas. En el caso erasmista, el Otro es el enemigo que amenaza el imperio y, para Las Casas, el enemigo es el imperio mismo.

En la descripción de las acciones de violencia española reside la agresión verbal lascasiana que apunta a la presencia del anticristo en las Indias. Esta subversión de la representación es fundamental en la crítica de la conquista implícita en la escritura de la alteridad. Particularmente en el segundo libro de la *Historia de las Indias*, encontramos capítulos dedicados a la narración de los viajes y las acciones de los líderes de la conquista. Los episodios que narran estas vidas contradicen la representación heroica previa y se transforman en una denuncia de las acciones anticristianas, la inmoralidad y la falta de respeto hacia el estado español en las islas caribeñas.

La intercalación de los viajes de exploración ejemplifica el choque del "encuentro" cultural, religioso y militar. Consistentemente se representa a los conquistadores matando y explotando a los indios que encuentran a su paso, haciéndose llamar, irónicamente, cristianos. La envidia, la codicia del oro y el poder son ejes axiomáticos de la denuncia expresada en las hipérboles y en los altos números de muertes que han sido tan controversiales para los especialistas de la historia colonial.[21] Es fundamental que las cifras que enuncia Las Casas se interpreten dentro del contexto intelectual y retórico del siglo XVI. Si las hipérboles son un deje del discurso historiográfico medieval, "los veinte millones de muertos" tan polémicos tienen que explicarse con las teorías de la metáfora de Aristóteles, quien señala en la *Poética* que las *diez mil* hazañas de Ulises son en realidad las *muchas* hazañas (*Aristotle* 46).[22] En otras palabras, los números no pueden leerse literalmente, estos representan el "altísimo" índice de muertes y la destrucción de los pueblos amerindios en su totalidad.

El tópico del viaje hace posible la comparación de las costumbres y la narración de las interacciones entre los españoles y los indígenas día a día. Los viajes incluyen encuentros bélicos y pacíficos, diálogos entre los españoles y los indios y las digresiones moralizantes del narrador ante la diferencia y los eventos narrados. El sujeto historiográfico describe vivamente y con extrema ironía el momento en que Vasco Núñez, Fernández de Encino y sus hombres se ponen a rezar antes de entrar en batalla:

Como Anciso y sus hombres vieron a los indios así aparejados para pelear [. . .] hincáronse de rodillas y con mucha devoción, según la que les parecía que tenían, encomendáronse a Dios y hicieron voto a Nuestra Señora [. . .] hechas todas estas diligencias, armados de sus espadas, lanzas y rodelas, arremeten a los indios y los indios desnudos a ellos, tirando sus flechas como de niños, como les faltase hierba; ellos con las espadas, cortándolos por medio, y con las lanzas, en un credo alanceando cada uno 20 [. . .]. (II: 411-12)

La metáfora del anticristo se hace patente dentro de esta narración intensamente dramática que revive el injusto encuentro bélico. Los elementos claves que envuelven la presencia del anticristo, según las epístolas de Juan en el Nuevo Testamento, son la decepción y el engaño con el fin de fundar un reino justo y próspero.[23] Las Casas aborda directamente a los oficiales del gobierno colonial que ofrecen el ejemplo de acción al soldado común: "Todas son obras, que por aquella tierra Vasco Núñez y sus compañeros hacían, era disponer aquellas gentes para que amasen el nombre cristiano y se aficionacen para recibir la religión cristiana" (II: 592). Las Casas indica que estos soldados "pecadores" pensaban que ofrecían un "sacrificio agradable" a Dios, no obstante, con esto tan sólo lograban hacer "heder el nombre de Jesucristo entre aquellas naciones, con sus obras tan detestables" (II: 593). Si hay algo que Las Casas insinúa en esta reflexión, es que los cristianos españoles, quienes engañan con sus falsas oraciones, no tienen la autoridad de juzgar las prácticas del sacrificio de los indígenas. La diferencia es que los españoles conocían el dogma y, aun así, cometían crímenes a nombre de Dios.

Las Casas siempre concluye con una opinión del evento histórico y una apelación final a los valores cristianos del lector. Después de narrar el episodio de Núñez de Balboa, como predicador y juez le pregunta al lector:

¿Qué otra cosa era lo que allí, en aquellas oraciones y votos hacían, sino hacer tomar por compañeros a Dios y a su Madre Sancta María de los robos, homicidios y captiverios e infamias de la fe y sangre que derramaban y rapiñas que perpetraban partícipes? Daban a Dios y a su Sancta Madre oficios, que no son de otros propios, sino de los demonios y de sus ministros. Los que en las obras del diablo andan ocupados, como estos andaban, matando, captivando, robando y escandalizando los inocentes que más nunca les merescieron e infamando la fe de Jesucristo, y, por consiguiente, impidiendo que estas gentes se convirtiesen, no tienen necesidad de la ayuda de Dios, sino del diablo. (II: 413)

Luego de nombrar a San Crisóstomo para legitimar su reflexión, le pide al "cristiano lector" que reconozca los errores de Fernández de Enciso y sus hombres. En un intento de persuasión compara lo que hacen los españoles a las acciones de Alejandro Magno: "Y cabe bien aquí lo que refieren las historias de aquel Alexandre Magno, que traía en el mundo aquel mismo oficio que los españoles han traído y traen por todas estas Indias, infestando, escandalizando, matando, robando, captivando, subjetando y usurpando los reinos ajenos y gentes que nada le debían" (II: 414). El uso estratégico de este discurso moral funciona como instrumento de poder en momentos de histeria política. La fuerza y la viveza de la reflexión se intensifica con el uso de la hipérbole y la retórica de acumulación, norma de la retórica eclesiástica.

El *ars praedicandi* de Las Casas está relacionado con la ansiedad y la urgencia de convencer al lector de su verdad política dentro del contexto bíblico. El arte de la predicación toma prestado de la poética el uso de imágenes, analogías y alusiones que no sacrifican la comprensión. Según Debora Shuger, el estilo elevado cristiano se convierte en un puente entre la palabra y el mundo que relaciona los problemas de estilo a la emoción y la imaginación en la búsqueda de Dios (Shuger 8). La retórica eclesiástica apela a la imaginación para conmover y transformar la realidad. Ahora bien, del púlpito ésta pasa a la práctica historiográfica con el mismo poder de sus imágenes para mover las emociones y la voluntad. La originalidad de Las Casas se manifiesta en el momento en que textualiza el sermón del Otro. Uno de los episodios más conmovedores del texto lo encontramos en el capítulo titulado "De las crueldades que hacían los españoles en Dabayba". El cacique Abrayba se dirige a otros indígenas incitándolos a reflexionar sobre las consecuencias de la presencia conquistadora y declara:

> ¿Qué desventura es ésta, hermanos, que ha venido sobre nosotros y nuestras casas? ¿Qué habemos hecho a esta gente que se llaman cristianos, desdichados de nosotros, que viviendo en nuestra paz y tranquilidad y sin ofender a ellos ni a otra persona alguna, así nos han tornado afligido, y, de toda nuestra orden de vivir hecho ajenos y desvaratados? ¿Hasta cuándo habemos de sufrir la crueldad destos, que tan perniciosamente nos tratan y persiguen? ¿No será menos penoso de una vez morir, que padecer lo que tú Abibeyba, y tú, Abenamachéi, y lo que Cemaco y Careta y Ponca y todos los otros reyes y señores de nuestra tierra, de esta tierra tan cruel han padecido y con tantos dolores llorado, viendo ante sus propios ojos llevar captivos sus mujeres, sus hijos, sus deudos, sus vasallos y de todo cuanto poseían privados? A mí aún no han llegado; pero, ¿qué puedo yo esperar de mí y de mi casa y de todo lo que poseo, sino ser corrido y perseguido y muerto y de todo mi ser y haber despojado, de la manera que a vosotros estos os han tratado? Probemos, pues nuestras fuerzas, y hagamos lo que pudiéremos, especialmente comencemos por aquellos que a ti, Abenamachéi cortaron el

brazo, y de tu casa desterrarron quedándose ellos en ella, y demos en
ellos, que son pocos, antes que otros se junten con ellos, porque aquéllos muertos, los demás o se irán o temerán de nos hacer más daños, y
si los quisieren acrecentar ternemos aquéllos menos contra quien hobié-
remos de tener pelea. (II: 582)

El sermón del cacique Abrayba dramatiza su reacción ante la barbarie
cristiana, lo que revela la perspectiva de seudorepresentación de la experiencia indígena. El indígena se coloca en una posición de igualdad y
credibilidad con un discurso que manifiesta su capacidad de razonamiento y elocuencia.

Para demostrar que los indígenas son magnánimos y que no se dejan
dominar por sus pasiones, se intercala el testimonio directo de uno de los
hijos de Comogre, cacique indígena que encuentra a su paso Vasco Núñez de Balboa: "Digna cosa es que regocijemos a estos hombres extranjeros y los hagamos todo buen tratamiento, porque no tengan causa de
hacer en nosotros y en nuestra casa lo que en nuestros vecinos han
hecho" (II: 573). La invención del discurso amerindio funciona como
expresión de su angustia ante la presencia del conquistador y como instrumento testimonial. Por otro lado, la representación del diálogo del español es el testimonio directo de la inmoralidad del soldado que no tiene
ninguna conciencia de los errores que comete.

La autoridad de la escritura no sólo reside, como en toda etnografía,
en la función del narrador como observador-participante de la otra cultura; a ésta hay que sumarle la autoridad de la voz del Otro que el etnógrafo deja manifestarse para convertir su escritura en una verdadera crítica cultural y política. James Clifford, en sus estudios sobre el discurso
etnográfico, sugiere que este aspecto dialógico que se da en toda etnografía es lo que asegura la autoridad de la narrativa que desacredita la etnografía tradicional de control monológico. Él señala que la etnografía hay
que estudiarla como un encuentro discursivo, intercultural y multivocal,
según el marco teórico que nos ofrece Bakhtin (22-23). El etnógrafo, al
alternar estrategias de autoridad para convencer, se convierte en traductor
que describe la cultura del Otro y actúa como ensamblador que textualiza
su propia experiencia a la luz de su horizonte cultural, su *locus* enunciativo y no siempre en la presencia del Otro (41). Según James Clifford el
proceso de *poesis* ha contribuido a la desfamiliarización de la autoridad
etnográfica: "It becomes necessary to conceive ethnography, not as the
experience and interpretation of a circumscribed "other" reality, but
rather as a constructive negotiation involving at least two, and usually
more, conscious, politically significant subjects" (*Predicament* 41).

El extenso relato de las experiencias de Diego de Nicuesa y Alonso de Ojeda incluye la relación y las diferencias ideológicas entre estos dos capitanes, las guerras injustas que hicieron, sus fracasos, la dolorosa peregrinación por las Indias y la muerte de ambos. La dramática narración de los robos y las matanzas en nombre del cristianismo para sobrevivir cumple varias funciones en la demostración lascasiana. Primero, es evidencia de los conquistadores que no obedecen los principios de la fe y, segundo, aclara que el proyecto de conquista es una forma de autodestrucción, ya que la dolorosa peregrinación y muerte de los conquistadores anuncia el castigo que le llegará a España:

> Moríanse cada día de hambre en los trabajos, cayéndose de su estado, que era verlos una intolerable miseria; después que salió de Belén, dellos en el camino, dellos de los que dejó en el mismo Belén, dellos haciendo la fortaleza en el Nombre de Dios, se le murieron 200 hombres, y así se le consumieron poco a poco los 785 hombres que sacó desta isla Española, de todos los cuales no le quedaron arriba de 100 cuando hizo esta fortaleza. (II: 425)

La estructura caótica de esta parte final del libro segundo sirve como argumento por sí sola. El narrador salta de las desventuras de Nicuesa a las de Ojeda y de las de éstos a las miserias de los soldados. Refiriéndose a las desventuras y muerte final de Ojeda y Nicuesa, Las Casas señala:

> Considere aquí el lector el fin que hicieron estos dos primeros capitanes que de propósito procuraron pedir gobernación y autoridad del rey para en la tierra firme e inquietar, infestar, turbar, robar, matar, captivar y destruir las gentes della, que, viviendo en sus tierras tan apartadas de las nuestras, ni nos vieron, ni oyeron, ni buscaron, ni en cosa nos ofendieron. Advierta eso mismo, qué postrimería fué la de 800 hombres que consigo trujo Nicuesa, pues no le quedaron sino 60 cuando vino al Darién, y de aquellos se ahogaron y perdieron con él 16 o 17, [y de aquellos que restan, el uno fué Francisco Pizarro, que mataron a estocadas en el Perú, que descubrió y destruyó, y los demás Dios sabe el fin que hicieron], y cuán amargas y tristes y desventuradas muertes y con cuántas angustias y trabajos, hambres y sedes, cansancios y aflicciones, murieron. (II: 431)

La narración no se limita a las luchas entre los indios y los españoles, al contrario, el énfasis pasa a las luchas de poder y el caos que domina entre los españoles mismos. Según Las Casas, el hambre y todos los contratiempos que los españoles pasaban eran castigos de la divinidad.

Los encuentros bélicos sirven para contrastar la mansedumbre, la humildad y el pacifismo del indígena frente a la barbarie del soldado español. El crudo realismo de la violencia que vemos ilustradas en la edición latina de la *Brevísima* funciona como catarsis que, de acuerdo con la preceptiva aristotélica, produce en el lector un despertar y una purificación. Como ya he indicado en el capítulo anterior, la representación dramática de la guerra simboliza la destrucción total, natural y humana del espacio utópico prehispánico y hace imposible la construcción de un nuevo espacio evangelizador. Las Casas describe este choque de culturas como la destrucción y el desplazamiento entre pueblos moralmente superiores.

El viaje y el discurso del encuentro le otorga voz, presencia y experiencia al Otro. En la narración de las exploraciones domina la descripción de los indígenas que se encuentran en la travesía. Sin embargo, este aspecto que sería el objeto del diario de viajes en primera persona, se convierte en un elemento secundario, mientras que la devastación, los engaños y la explotación española se convierten en el tema central de la relación. Se describen detalladamente, en tercera persona, los encuentros de violencia; mientras que el historiador se convierte en narrador omnisciente que interpreta y juzga los episodios. En la *Historia de las Indias* y en la *Brevísima relación* domina, retóricamente y conceptualmente, el tópico de *homo homini lupus* (el hombre contra el hombre es una bestia) para describir los encuentros bélicos entre los cristianos europeos y los pueblos amerindios. La metáfora bíblica del hombre-bestia contra la oveja o el cordero alude al tema apocalíptico que subyace en el discurso de la historia. Los españoles representan un bestiario que se identifica con tigres, leones, aves de rapiña, lobos y sierpes a los que se les adjudican adjetivos como "hambrientos", "feroces" y "despedazadores".

Si bien la representación del indígena queda centrada en su pacifismo, Las Casas se separa del pensamiento erasmista al seguir a Vitoria en cuanto a las causas justas que tienen los indios para hacerle la guerra a los españoles. Él comenta el episodio en que Colón ordena la captura de siete indígenas "para llevar consigo y saber dellos los secretos de la tierra" (II: 279). Este momento inicial altera la armonía e impone un caos al dividir familias y destruir la confianza que ya habían depositado los indígenas en los extranjeros: "Y quizá eran señores de la tierra o de los pueblos los que les detenían injustamente presos; y así, tuvieron de allí en adelante justa causa y claro derecho de no se fiar de ningún cristiano, antes razón jurídica para hacelles justa guerra como es manifiesto" (II: 279-80). El historiador subvierte la representación colonialista del discurso historiográfico oficial al representar a los españoles como los únicos bárbaros que oprimían y consumían los pueblos amerindios que vivían en paz, orden y civilidad. El uso del tópico edadorista funciona como una imagen nostálgica de la inocencia destruida e irrecuperable. Las Casas, al identificarse culturalmente con el indígena, asume un papel de protagonista de su propia historia, elimina las barreras y se ubica dentro de la realidad social del Otro.

Según Homi Bhabha, el estado justifica su dominio colonial por medio del conocimiento oficial que le da visibilidad a la alteridad. Este discurso colonial niega la capacidad de autogobierno, independencia, modos de civilización occidentales y le da autoridad a la versión oficial y misión al poder colonial ("The Other Question" 171). Las Casas, al tratar de eliminar esa otredad basada en el reconocimiento de lo conocido que se ha construido en los textos colonialistas, la transplanta a la representación de los colonizadores que se convierten en salvajes y bárbaros. Redefinir la alteridad le quita legitimidad al discurso colonial, o mejor llamarlo en este momento, "conocimiento oficial" racista y discriminatorio de Fernández de Oviedo, López de Gómara y Sepúlveda. Con la inclusión de la etnografía en la historia se desmarginaliza al amerindio y se destruye el estereotipo basado en el reconocimiento y la desaprobación de la diferencia.

La práctica discursiva colonial, en el sentido que Bhabha le otorga, propone la legitimación del orden colonial, el control y la subyugación. De esta forma, la occidentalización lascasiana que deforma lo real de la existencia amerindia, funciona para desarticular el discurso colonial con sus propias armas retóricas e ideológicas. La diferencia cultural se anula para establecer que "la humanidad es una" con los mismos valores morales y virtudes que demuestran la inclinación natural al cristianismo. Con esto, la alteridad extraña y desconocida se desmitifica y se identifica con lo ya conocido y estimado, lo que integra el sujeto colonial a la historia cristiana y universal.

Por medio de la escritura de la historia, Las Casas expande y justifica sus acciones y propuestas ante la corte, los consejos, los encomenderos y los colonizadores. De la misma manera en que Las Casas se enfrenta a Sepúlveda en el debate de Valladolid, en su escritura él entabla un diálogo histórico, jurídico, teológico y etnológico con los historiadores oficiales y los que respaldan las perspectivas de dominio y control que éstos justifican.

Fig 6 Bartolomé de las Casas,
Mural de Constantino Brumidi,
U.S. Capitol (1877)

CAPÍTULO VI

Apologia pro vita sua

> y si el de Las Casas quiere confesar la verdad,
> a él quiero por testigo
> –fray Toribio Motolinía (1555)

En lo que se ha conocido como el "Memorial testamentario y de despedida de Bartolomé de las Casas al Consejo de Indias" (1566) se apela a la conciencia moral de los miembros de uno de los aparatos de control más influyentes del imperio y las colonias para reiterar por última vez "los agravios, estragos y tiranías" de los que han gobernado las Indias (*Obras escogidas* 537). El exordio apunta a dos razones para escribir: la política, "la conquista y la tiránica gobernación"; y la personal: "ya consta, y a toda España y por todas las Indias es notorio, como ha muchos años que ando en esta [real corte] y ante este Real Consejo de las Indias, negociando y procurando el remedio de las gentes y naturales de las que llamamos Indias [. . .]" (*Obras escogidas* 536). Las Casas insiste en la autoridad de su experiencia para pedirle al Consejo que imite las acciones políticas de Carlos V y que organice una junta para examinar los documentos y las conclusiones que él ha reunido sobre el régimen tiránico que continúa en los territorios americanos.[1] Él justifica sus peticiones con la experiencia, la que define como "maestra de todas las cosas" (*Obras escogidas* 541).

Este último memorial demuestra la urgencia política que sentía Las Casas de revivir antes de su muerte el sentido de responsabilidad política y social por las comunidades indígenas, el cual había visto menguar durante el reinado de Felipe II. En la segunda mitad del siglo XVI, la política hacia las Indias toma un nuevo rumbo: se prohíbe la impresión de li-

bros sobre las Indias y, de repercusiones más profundas, enviar informes
a la corte sobre "justicia, gobierno y agravios que se hagan a los indios"
(Pérez Fernández, *Fray Bartolomé de las Casas* 147). En este contexto,
Las Casas incita a la reexaminación de la conciencia y a tomar acción
política. Él utiliza el paradigma de la retórica de autolegimación que,
como hemos visto hasta ahora, se convirtió en tópico y evidencia ética en
sus discursos.

El acto textual de autorrecrearse como un personaje público, en el
caso de Las Casas requiere un *ethos* heroico que registra la urgencia personal y los reclamos mesiánicos. Es importante insistir, como subrayan
Nicholas Spadaccini y Jenaro Talens, que el sujeto enunciador renacentista se manifiesta como testigo de los eventos narrados y, como consecuencia, la persona narrativa tiene una doble función: la construcción del
ser y el uso de esta construcción para autorizar la verdad (10). La verdad
en los textos coloniales, legitimada con la experiencia, se convierte en
eje de una situación retórica agencial que le da forma al saber político,
teológico y antropológico alternativo que se manifiesta en la crítica de la
conquista española. En el discurso político de Bartolomé de las Casas, la
textualización de la experiencia reta las perspectivas tradicionales de poder y autoridad textual. La insistencia en la autoridad de la experiencia
vivida para decir "la verdad" es un lugar común que se inscribe en la
construcción de una subjetividad colonial que se distingue del discurso
historiográfico europeo.[2] Con este acto retórico se construye una visión
del mundo americano con una proliferación de nuevos signos que apuntan a una transformación de las normas de escritura. Durante el Renacimiento la autoridad para escribir estaba conferida a los historiadores oficiales, los consejeros del rey y los funcionarios de alto rango militar o
eclesiástico con una sólida educación humanista. Asimismo, el problema
de la autoridad en la historiografía colonial tocaba la diatriba intelectual
entre la nobleza de sangre y la nobleza de acción, otro de los lugares comunes de la literatura del Siglo de Oro español. Obviamente, la posición
de clase y nobleza del sujeto político limitaba la producción discursiva
en lo conceptual, lo material y lo lingüístico.

Stephen Greenblatt en *Renaissance Self-fashioning* estudia la problemática del entrecruce de la autoridad social, la identidad personal y el
orden político en la literatura renacentista. Él subraya que los intelectuales de clase media construyen una identidad personal y una autoridad
social que los inserta en la historia, lo que resulta en la transgresión a las
estructuras de poder (8-9). A pesar de que los planteamientos de Greenblatt provienen solamente del contexto anglosajón, éstos se ajustan cla-

ramente a la situación colonial hispánica. Entre las condiciones identitarias que Greenblatt señala, es obvio que el contexto hispánico comparte la situación de clase media de los intelectuales en las colonias, el sometimiento al poder absoluto del monarca y de la Iglesia, y el hecho de que la construcción de la identidad se manifiesta en oposición al Otro amenazante y caótico que tiene que ser vencido a nombre del poder imperial (*Renaissance Self-Fashioning* 9). Más importante aún, las propuestas de Greenblatt facilitan una lectura crítica de los modelos de autoridad y las relaciones "negociadas" que encontramos en la historiografía humanista y eclesiástica sesentista: "the work of art is the product of a negotiation between a creator or a class of creators and the institutions and practices of society" ("Towards a Poetics of Culture" 12).

Como ya he discutido, en los dos primeros libros de la *Historia de las Indias* "la verdad" se verifica con las autoridades clásicas, patrísticas o contemporáneas que el sujeto enunciador interpreta en su capacidad de exégeta que escribe entre la tradición escolástica y la humanista. Sin embargo, la posición subjetiva ante la verdad queda claramente en un plano secundario en los textos de Las Casas, a manera más aguda desde 1552 hasta su muerte.[3] Éstos manifiestan un desplazamiento del *autorictas* tradicional por la autoridad de la experiencia del sujeto enunciador cuyo discurso está condicionado política y culturalmente por las nuevas circunstancias imperiales que afectan negativamente la política trasatlántica.

Las Casas pasó la última etapa de su vida gestionando activamente las incursiones y las actividades de los dominicos en las tierras por "pacificar", reclutando misioneros y completando la redacción de la *Historia de las Indias*, la *Apologética historia sumaria* y los urgentes tratados que le habían pedido desde el Perú, *De Thesauris* y el tratado de las *Doce dudas*.[4] Esta fase tan prolífica, está marcada por lo que ha llamado Bataillon una intensa "reacción antilascasista", más conocida por las intervenciones de Juan Ginés de Sepúlveda en contra de la publicación del *Confesionario* de Las Casas, las críticas de Gonzalo Fernández de Oviedo y del franciscano Motolonía y el desinterés de la Corona y del Consejo de Indias por los derechos amerindios.[5] Hay que dejar claro que ya desde 1519 Las Casas se coloca entre discursos contradictorios marcados por la ideología contrarreformista y colonizadora, los escrutinios del Santo Oficio y la presión de las comunidades de religiosos que lo identifican como el protector de los amerindios y defensor de los proyectos de evangelización pacífica.[6]

En los últimos documentos lascasianos: el testamento (1564), la carta a Pío V (1565) y el ya mencionado "Memorial" de despedida y testamentario (1566), Las Casas manifiesta una doble urgencia ante la inminencia de su muerte. Ya que él se encuentra "al cabo y remate" de su vida, enuncia una advertencia final para detener los estragos de las Indias y persuadir a los líderes eclesiásticos y civiles para que se responsabilicen de la defensa de los derechos amerindios. En estos documentos se legitima la escritura con la experiencia; y esta experiencia del sujeto enunciador sirve como evidencia y testimonio que desafía un sector del estado español que incluye a los que escriben sobre las Indias desde Europa para justificar la conquista. La primera petición se autoriza con los propios esfuerzos intelectuales: "Y en mi libro tengo probado bien claramente que todas estas cosas son contra los cánones y leyes evangélica y natural, y también lo probaré más evidentemente, si fuere posible, porque lo tengo clarísimamente averiguado y concluido" (*Obras escogidas* 541). Estos discursos de despedida revelan una tensa y conflictiva perspectiva que por un lado, reafirma el poder de la monarquía, mientras que, por el otro, responde y amonesta a los responsables de los abusos en las Indias. En el testamento que firma dos años antes de su muerte destaca que como buen cristiano "debe dar testimonio de sí mismo al tiempo de su fin y muerte" (*Obras escogidas* 539) y subraya que él fue el escogido "para procurar y volver por aquellas universas gentes de las que llamamos Indias, poseedores y propietarios de aquellos reinos y tierras, sobre los agravios, males y daños nunca antes tales vistos" (*Obras escogidas* 539). El documento, como mediación letrada, pasa de testamento a testimonio para ofrecer una visión ejemplarizante de su vida, epítome del corpus textual que documenta la experiencia de la empresa misionera en el Nuevo Mundo (ejemplificada en su propia vida) y la diatriba del orden colonial.

Los textos de Las Casas van a reflejar múltiples posiciones subjetivas que se manifiestan en las modalidades de *res gestae*, confesión y memoria, especialmente en el tercer libro de la *Historia* que completa para el año 1561.[7] La experiencia se instaura dentro del discurso polémico como la mejor fuente de conocimiento y, por lo tanto, de poder. Los textos de carácter historiográfico y legal son inclusionistas a manera de *genera mixta* al fundir el testimonio, la retórica de la ejemplaridad y los modelos autobiográficos que fundan los *Comentarios* de Julio César, las *Confesiones* de San Agustín y la epístola humanista.[8] En la época clásica se le prestaba más atención a las vidas de otros, particularmente a aquellas que por su importancia en las esferas políticas eran dignas de ser narradas. Al partir de las vidas que se relatan en el Nuevo Testamento, se ha señalado que durante el cristianismo temprano la biografía se considera una suerte de práctica perteneciente a una contracultura por su relación con las manifestaciones en el arte y la literatura hegemónica (Whittemore 41). En el siglo XVI la escritura de vidas proliferó dadas las transformaciones de la estructura social y el desarrollo de una conciencia histórica infundida por el sentido de progreso e individualismo. La emergencia de esta conciencia histórica en el siglo XVI ha sido identificada por Georges Gusdorf como una de las precondiciones fundamentales para la escritura autobiográfica moderna:

> La autobiografía sólo resulta a condición de ciertas presuposiciones metafísicas. Resulta necesario en primer lugar, que la humanidad haya salido al precio de una revolución cultural, del cuadro mítico de las sabidurías tradicionales, para entrar en el reino peligroso de la historia. El hombre que toma el trabajo de contar su vida sabe que el presente difiere del pasado y que no se repetirá en el futuro [. . .]. La historia quiere ser la memoria de una humanidad que marcha hacia destinos imprevisibles. (10)

Aunque la autobiografía es un concepto moderno que comienza a utilizarse un poco antes del inicio del siglo XIX, en el *res gestae* y en las memorias renacentistas se revela la construcción de la identidad y el desarrollo de una conciencia individual, una de las "precondiciones" autobiográficas que la crítica ha tratado.[9] Las memorias, los diarios, las relaciones o las historias donde se inserta la experiencia y la vida personal son vehículos que trasladan la memoria privada del individuo al dominio público de la comunidad lectora. Más importante aún, como vemos en el caso de Las Casas, el discurso autobiográfico envuelve una labor exegética que ubica al sujeto del enunciado dentro de un drama histórico de ramificaciones profundamente religiosas y políticas. Según el señalamiento de Gusdorf, la autobiografía ocupa un lugar clave en la comprensión de la historia y de cualquier manifestación cultural que ocupe el espacio de lo público.

La especificidad de la memoria en la historiografía colonial tiene que vincularse obligatoriamente a la dimensión legal de los discursos de la experiencia colonial. Roberto González Echevarría ha insistido en que la cultura literaria latinoamericana se funda en los discursos legales de la colonia como las relaciones y los testimonios que verifican la experiencia y articulan la memoria desde este mismo espacio de lo público (*Myth and Archives* 55). En lo que probablemente ha sido uno de los planteamientos más provocadores sobre la narrativa latinoamericana, él arguye que de esta relación entre el individuo y el estado emerge la novela "as the writer protagonist of the Picaresque writes a report on his life to an absent authority" (55). La sombra burocrática del estado, al manifestarse a través de las formas retóricas, es la clave para entender la picaresca y la novela; pero en cuanto a lo real, ésta incide en la construcción de una subjetividad autorizada en la historiografía colonial. Hay que considerar que las historias y las relaciones de la conquista y la colonización donde encontramos fijada "la memoria" o "la vida", en la mayoría de las circunstancias, son respuestas a instrucciones o alegatos que necesitan refutarse.[10] Esto está claro en relaciones conocidas como las de Cortés, Bernal Díaz del Castillo y el Inca Garcilaso de la Vega, fray Marcos de Niza o las crónicas eclesiásticas de finales del siglo XVI.

Dentro del contexto colonial, "la memoria" se postula como testimonio y evidencia de un evento y, por lo tanto, es una nueva representación de lo real legitimada por las virtudes morales y la autoridad del testigo. Paul de Man ha insistido que en el discurso autobiográfico, por su dimensión proteica, es sumamente difícil de definir ("Autobiography as De-Facement" 920), aún más, si pensamos en la coyuntura histórica, material e intelectual de la producción de las relaciones de conquista en el siglo XVI. Con esto en mente, queda establecido que en historiografía colonial subyace un subtexto/*bios* personal que tiene que definirse y leerse como instrumento de autoridad, y entre líneas, como documento legal que responde a las necesidades del sujeto auto/biografiado.

"MUY DOCTO Y MUY RELIGIOSO"

La justificación de las vidas en la *Historia de las Indias* se resume en el prólogo, en la octava y última razón para narrar los eventos. Según Las Casas, él quiere manifestar "la grandeza y numerosidad de las admirables prodigiosas obras que nunca en los siglos ya olvidados haberse obrado creemos." (I: 20). Asimismo, él señala que el texto está: "enderezado a fin de que por el conocimiento de las virtuosas, si algunas hubo, los que vivieren, si el mundo mucho durare, se animen a imitar" (I: 20). Es obvio que la perspectiva didáctica para la demostración de lo ejemplar anticipa la construcción de un sujeto colonial que incorpora paradójicamente el *ethos* cívico del humanismo político renacentista, el didacticismo medieval y las abstracciones escolásticas tan en boga entre los dominicos. Como parte de la dimensión agencial, la inserción de las vidas en la narrativa manifiesta los *exempla* necesarios en los campos de acción política, moral y religiosa para también articular una agresiva defensa y justificación legal y política. Si bien encontramos múltiples reivindicaciones en la *Historia de las Indias* (las de Colón, los dominicos en el Nuevo Mundo, las comunidades amerindias) es la del sujeto enunciador el eje central de la narración. El *genera mixta* que incorpora otras modalidades discursivas le da fuerza a la intención reivindicativa que articula la mejor defensa pública de los sujetos marginados en los procesos y los discursos hegemónicos.

Al final del prólogo de la *Historia de las Indias*, Las Casas señala que él es el testigo presencial con más experiencia en el Nuevo Mundo: "porque desde cerca del año 500 veo y ando por aquestas Indias y conozco lo que escribiere" (I: 22). Ahora bien, en el *narratio* de los eventos que presenció y protagonizó, él acude a la tercera persona, estrategia de autorrepresentación de conocidas figuras de la historia europea como Eneas Silvio, Ignacio de Loyola, Julio César y Lutero. La primera referencia autobiográfica en tercera persona se encuentra en la narración de la popularidad entre los indígenas de las misas en la comunidad de Concepción de la Vega, en la isla de La Española hacia 1510. "El clérigo Casas" se inserta como protagonista al dar su primera misa nueva al clero secular. Esta presencia agencial del sujeto como religioso y orador es significativa al describir un acto de iniciación en un espacio público. El evento da pie a la conflictiva representación ejemplarizante del clérigo que actúa tanto al servicio de Dios como de la Corona:

> Ordenaron que cada domingo y fiesta de guardar, después de comer, predicase a los indios un religioso, como el siervo de Dios fray Pedro de Córdoba en la iglesia de la Vega había principiado; y a mí, que esto escribo, me cupo algún tiempo de cuidado; y así era ordinario henchirse la iglesia los domingos y las fiestas de indios de los que en casa a los españoles servían, lo que nunca en los tiempos de antes habían visto. En este mismo año y en estos días en que el padre fray Pedro de Córdoba fue a la Vega, había cantado misa nueva un clérigo llamado Bartolomé de las Casas, natural de Sevilla, de los antiguos de esta isla, la cual fue la primera que se cantó nueva en todas las Indias; y por ser nueva fue muy celebrada y festejada del Almirante y de todos los que se hallaron en la ciudad de la Vega [. . .]. (II: 386)

Se conjugan en la narrativa las alusiones a la experiencia personal del sujeto enunciador como testimonio de las acciones del sujeto del enunciado. La constitución del narrador como agente testimonial denota el deseo de compartir la experiencia con el Otro, en un desdoblamiento narrador y protagonista, donde ambos testifican a favor de la misma causa. Las intervenciones metalingüísticas del narrador dominan la narración para dirigirse al destinatario para que juzgue el evento. El distanciamiento, consecuente del uso de la tercera persona que continúa a través de todo el tercer libro de la *Historia*, sirve como mecanismo para legitimar la verdad, persuadir y otorgarle objetividad e historicidad al evento.

Este episodio inicial anticipa el proyecto autoedificador necesario en la reivindicación de un "acusado". Catherine Belsey, quien ha tratado los problemas críticos de la construcción del sujeto, específicamente cuando el "yo" del enunciado se desdobla en un "yo" protagonista, ha comentado lo que implica este momento de "entrada" o presencia en el orden simbólico. El sujeto contradictorio, que siempre está en proceso de construcción, manifiesta una crisis, que identifica Belsey con "alterations in language and in the social formation, capable of change" (50). Entonces, ¿cómo podemos interpretar la disyuntiva de la construcción del sujeto agencial en la *Historia de la Indias* y las múltiples posiciones de Las Casas como narrador, protagonista o testigo que defiende posiciones ideológicas tan contradictorias?

Philippe Lejeune afirma que la autobiografía en tercera persona es en realidad un recurso que funciona como figura de la enunciación que continuamos leyendo en primera persona al seguir las reglas del contrato autobiográfico (32).[11] Para este teórico, la figura de enunciación no simplifica el enunciado, "no se debe de entender como una forma indirecta de hablar de sí mismo" (33).[12] Según Lejeune, en los textos modernos el uso de la tercera persona sirve como fórmula de humildad que ofrece objetividad interpretativa a la narración y un distanciamiento entre el narrador y ese Otro de su pasado (43). En el caso de Las Casas, el uso del "no-yo" dramatiza la relación dentro de un proceso jurídico donde el deponente que testifica, o sea el testigo fidedigno, puede juzgar imparcialmente al protagonista o "acusado" a su propio antojo. Las Casas, como sujeto del enunciado, se convierte en un verdadero ejemplo de acción moral y política:

> Para las ochavas de Pascua, rogaron al padre clérigo que predicase, porque deseaban oílle; aceptólo él, y para que la doctrina que por siete u ocho meses contra la opresión de los indios predicado se rectificase, porque unos no lo creían que oprimir y matar hombres fuese pecado, otros dudaban, otros burlaban, otros murmuraban, recogió todas las proposiciones que cerca de aquella materia en todo aquel tiempo había predicado y las más ásperas y rigorosas, y todas juntas las tornó en presencia de los religiosos a repetir y afirmar con más vehemencia y libertad que antes las había dicho. Los religiosos quedaron admirados de

su hervor y cuán sin temor afirmaba cosa tan nueva y para aquellos tan amarga, diciéndoles que en aquel estado no se podían salvar; estuvieron los religiosos en aquel estado gozosos, viendo que hobiese clérigo que, lo que ellos de aquella materia sentían y predicaban, predicase tan libremente por verdad, y fué grande la estima que dél tuvieron y el amor que le mostraron [. . .]. (III: 100)

El narrador enfatiza la calidad del primer sermón del clérigo. Si bien Las Casas reitera el lugar común de falsa modestia en el prólogo de la *Historia* para excusarse de sus errores o falta de elocuencia, con el uso de la tercera persona se abre un espacio para exaltarse como orador, intelectual y religioso y entretejer una función didáctica esencial: enseñar con el ejemplo propio. La creación de un espacio público donde "Micer Bartolomé" se representa cumpliendo con sus obligaciones religiosas tiene una función trascendente. Con el acto público de dar misa, él establece su autoridad pública para reprender a los españoles y defender a los pueblos amerindios como un religioso que posee la experiencia imprescindible de haber predicado el Evangelio en las nuevas tierras.

Las Casas siempre se refiere a un "nosotros" que incluye al lector implícito. Él como narrador "anciano sabio y cristiano" y su lector son moralmente superiores al español que "descubre y destruye". Con este recurso llega al lector que debe identificarse con los principios fundamentales del cristianismo y, por lo tanto, con su proyecto reformador. La representación de Las Casas como religioso y misionero está directamente relacionada a la autoridad etnográfica que se construye para poder interpretar las prácticas religiosas amerindias que ya he tratado anteriormente. Es la experiencia del misionero, la autobiografía, la vida en una situación dialógica lo que autoriza el conocimiento antropológico. Insertar al protagonista como religioso y etnógrafo en el escenario amerindio contribuye a la representación ejemplar del clérigo como modelo de acción y, segundo, a la denuncia de la agresión militar española dadas las malas interpretaciones de la vida y cultura religiosa amerindia.

En la *Historia de las Indias* se narran los momentos cruciales de la vida de las Casas que incluyen las conversiones, los debates públicos y las actuaciones que definen su identidad como protector de los indígenas. Las representaciones que ejemplifican las virtudes de religioso se desestabilizan textualmente con la descripción del caos que causa la agresión de la conquista. Los dos momentos climáticos que inspiran a la primera conversión de Las Casas son el drama de la matanza de los indígenas de Caonao (provincia de Camaguey) y el martirio del cacique Hatuey. En la historia se revive la angustia y las acciones del clérigo como protagonista en la defensa indígena en un periodo en que todavía no se había comprometido con la causa indígena. El narrador exalta los riesgos que tomó Las Casas al impedir la muerte de cuarenta indios, la forma en que "andaba de aquí para allí por unas arboledas buscando españoles que no matasen" (II: 537). Se detalla la forma en que se compadece el clérigo de un moribundo, bautizándolo antes de morir:

> El indio, triste, toma sus tripas en las manos y sale huyendo de la casa; topa con el clérigo y cognosciólo, y dícele allí algunas cosas de la fe, según que el tiempo y lugar daba, mostrándole que si quería ser baptizado iría al cielo a vivir con Dios; el triste dijo que sí, e con esto le baptizó, cayendo luego muerto en el suelo. (II: 537)

Este fragmento, altamente dramático, articula el *pathos* que despierta en el destinatario los mismos sentimientos de angustia y urgencia que experimenta el clérigo ante la matanza. La pregunta es, ¿cuál es la intención del sujeto enunciador que rebusca en su memoria para compartir los episodios y los accidentes que dejaron huella en su vida? La descripción y la narración de las acciones del clérigo y del indígena se desvinculan de la historia del conflicto en Europa para ofrecer una escena heroica donde el fraile arriesga su vida para ejecutar sus obligaciones de religioso. La violenta confrontación queda en un segundo plano para enfocarse en el intercambio entre los dos interlocutores. Consecuentemente, la escena ofrece una imagen que confirma la voluntad del indígena de aceptar el cristianismo y construye el heroísmo romántico del fraile.

Sabemos que Las Casas pasó a Cuba como capellán o "pacificador" con Pánfilo Narváez en 1512. Luego de este viaje expedicionario, Narváez le otorga a Las Casas un repartimiento cerca de la recién fundada villa de Trinidad. Pero no es hasta 1514 que renuncia al repartimiento y pronuncia el conocido sermón ante Diego Velásquez en el cual denunció las encomiendas: "teniendo él los indios que tenía, tenía luego la reprobación de sus sermones en la mano, acordó para libremente condenar los repartimientos o encomiendas como injustas y tiránicas, dejar luego los indios y renunciarlos en manos de Diego Velázquez" (III: 93). El texto marca entonces el momento de la toma de conciencia y la transformación de un religioso ordinario a un sujeto de reconocimiento público que con sus denuncias logra acercarse a la corte. Cada viaje, cada acompañante y cada visita a la corte de Carlos V queda documentada en la *Historia*.

La leyenda del fraile-héroe se confirma con la inserción del documento legal que reconoce a Las Casas como el primer oficial en ser nombrado "el protector universal de los indios". Este documento, paso primordial de la Corona para reconocer y solucionar los problemas de la conquista, fue firmado por el cardenal Jiménez Cisneros, quien había asumido la gobernación junto a Adriano de Utrecht en 1516.[13] En el texto se justifica el honor que se le ha rendido al afirmar que ha sido "el clérigo" el único capaz de "tratar y negociar el bien universal destas partes" (III: 136).[14] La defensa de las acciones de Las Casas y de lo bien merecido que se tenía el título otorgado se legitima también por medio del monólogo donde, devotamente, se invoca a Dios:

> Padre, yo probaré todas las vías que pudiere y me porné a todos los trabajos que se me ofrecerán, por alcanzar el fin de lo que he comenzado, y espero que nuestro Señor me ayudará; y cuando no lo alcanzare, habré hecho lo que debía como cristiano; vuestra reverencia me encomiende a Dios y haga siempre encomendar. (III: 107)

La representación ejemplarizante de la vida de Las Casas, también, insinúa los señalamientos de Fernández de Oviedo, López de Gómara, Sepúlveda y, más chocante aún, los nuevos enemigos que salieron de los propios círculos eclesiásticos. Reconstruir el pasado para responder al presente polémico es una de las disyuntivas más claras en la *Historia de las Indias*. El texto justifica la necesidad de rectificación de las bases política, social y eclesial y toca en lo personal para revindicarse en estas mismas esferas de acción. Una de las críticas más severas y controversiales sobre las actividades y esfuerzos amerindios de Las Casas provino del franciscano fray Toribio Motolinía. Este fraile, quien formaba parte del grupo de los primeros doce franciscanos que llegaron a México en 1524, ejerció como inquisidor, fue el sexto provincial de la Orden de los Predicadores en México y autor de la profusa *Historia de los indios de la Nueva España* (1541).[15]

En lo que se ha convertido en el documento fundacional de la "reacción antilascasista", la carta del 2 de enero de 1555 a Carlos V, Motolinía resume la opinión "general" que se tiene del obispo de Chiapas: "Yo me maravillo cómo V.M. y los de vuestros Consejos han podido sufrir a un hombre tan pesado, inquieto e importuno y bullicioso y pleitista, en habito de religioso, tan desasosegado, tan malcriado y tan injuriador y perjudicial y tan sin reposo" (Pérez Fernández *Fray Toribio Motolinía* 115).[16] Más adelante señala: "estuvo luego en el monesterio de Santo Domingo y en él luego se hartó y tornó a vaguear y andar con sus bullicios y desasosiegos, y siempre escribiendo procesos y vidas ajenas, buscando los males y delitos que por toda esta tierra habían cometido los españoles" (116). Específicamente se problematiza la llamada hipocresía de Las Casas con los indígenas y se subraya que éste se ocupó muy poco de ellos si no fue cargándolos y fatigándolos (117). Las interacciones entre Motolinía y Las Casas fueron tensas desde el principio. El franciscano documenta estos encuentros con Las Casas como evidencia de las opiniones que tiene sobre la personalidad y las actuaciones de Las Casas en México. En 1538 Las Casas visita el convento de Tlaxcala y un grupo de franciscanos, entre ellos Motolinía, le rogó al fraile que bautizará a un indígena. Las razones por las cuales Las Casas no lo hizo no están claras ya que sólo tenemos la versión del franciscano. No obstante, este episodio fue el inicio de una relación conflictiva que influyó la opinión de Las Casas cuando Motolinía fue incluido en la lista de candidatos para obispo de una de las diócesis vacantes en el Nuevo Mundo, coincidentemente, en el mismo año que Las Casas también fue considerado para el obispado del Cuzco, el cual rechazó.[17] A estos encuentros con Motolinía hay que añadirle la denuncia que hizo Las Casas de las prácticas de conversión en masa de los franciscanos que pudo presenciar en sus visitas a México entre los años 1538 y 1540 (Brading 63, Wagner y Parish 98-107).[18]

La *Historia* intercala episodios que contradicen los planteamientos de los detractores de Las Casas. En respuesta a las severas críticas de Motolinía y de otros, se insiste en la relación que tiene el clérigo con los indios que lo acompañaban: "el padre clérigo llevaba consigo, entre otros, no tomados por fuerza, sino que ellos se venían a él de su voluntad, por el buen tractamiento que les hacía y por el crédito que en la isla había cobrado [. . .] y por estar seguros de los españoles y de sus crueldades" (II: 539). Las "metáforas de sí mismo" que describen al clérigo giran alrededor de la fama que adquiere como libertador y sujeto mesiánico para la conversión de los indígenas. Hay otros elementos que se insinúan como la justificación de las atenciones y la protección que le había rendido Carlos V a Las Casas.[19]

Las Casas y Colón se representan en la *Historia* como sujetos heroicos cuyas vidas se cruzan y complementan. Retóricamente, ambas vidas están construidas con la imitación de los modelos de Plutarco y Suetonio que inspiran el catálogo de virtudes del caballero cristiano que funde la tradición cristiana y secular. Ambos sujetos proponen un modelo de acción formulado con las virtudes esenciales del ideal caballeresco. Tanto Las Casas como Colón se inscriben como personajes en el escenario de la salvación en un contradiscurso donde confluyen el orden político, la alegoría moral, las virtudes cristianas y la defensa personal. Timothy Hampton ha sugerido que el discurso renacentista se caracteriza por el fomento de las imágenes de virtud de la antigüedad clásica como mode-

los que inspiran a formar y guiar lectores (*Writing from History* ix). Él
señala que la ejemplaridad tiene una función ideológica muy compleja,
puesto que los textos renacentistas proveen un modelo ideal que se nego-
cia entre los ideales públicos de virtud y la comprensión del lector.
Hampton hace referencia al pensamiento crítico-teórico de Foucault al
sugerir que, retóricamente, la imagen de lo ejemplar promueve "las artes
de la existencia", práctica en la que los seres humanos buscan transfor-
marse a sí mismos (14). Este planteamiento que se retoma de Foucault es
sumamente sugerente, ya que podemos argumentar que el discurso autobiográfico y ejemplarizante de Las Casas va más allá de promover un
nuevo modelo de acción política para presentar una total reivindicación
de su persona y una justificación de sus propuestas.

El uso del diálogo ficticio como estrategia retórica se elabora en la
Historia de las Indias, particularmente en la recreación dramática de las
confrontaciones con miembros del Consejo de Indias o el Rey. Con este
artificio literario se incluye los puntos de vista de otros para desarticu-
larlos, modificarlos y, más que nada, para construir una imagen comba-
tiva de sí mismo. La confrontación entre Las Casas y el obispo de Darién, fray Juan Cabedo, se integra en la *Historia* como una anécdota bajo
la pretensión de referir algunas de las cosas que ocurrieron mientras Carlos V se encontraba en Barcelona: "y una de ellas fue otro terrible com-
bate que se le ofreció al susodicho Bartolomé de las Casas y la victoria
que con el favor divino y con la fuerza de la verdad que traía y defendía
consiguió dél" (III: 336). Las Casas recrea la anécdota:

> Un día vino el dicho obispo [fray Juan Cabedo] de tierra firme a pala-
> cio, que fué la primera vez que el clérigo Casas supo que era venido; y
> como lo vido el clérigo en la cuadra donde el rey come, y preguntando
> quién era aquel tan reverendo fraile, dijéronle que era obispo de las In-
> dias. Llegóse a él y díjole: "Señor, por lo que me toca de las Indias, soy
> obligado a besar las manos de vuestra señoría." Preguntó a Juan de Sa-
> mano, que después fue secretario de las Indias, con quien el obispo es-
> taba hablando: "¿Quién es este padre?" Samano respondió: "Señor, el
> señor Casas." El obispo no con chica señal al menos de arrogancia, di-
> jo:"¡Oh, señor Casas, y qué sermón os traigo para predicaros!" Res-
> pondió Casas, no muy amedrentado, antes con alguna colerilla: "Por
> cierto, señor, días ha que yo deseo oír predicar a vuestra señoría, pero
> también a vuestra señoría certifico que le tengo aparejados un par de
> sermones, que si los quisiere oír y bien considerar, que valgan más que
> los dineros que trae de las Indias." Respondió el obispo: "Andáis per-
> dido, andáis perdido." (III: 337)

Esta confrontación que comienza en un encuentro casual entre ambos culmina en un diálogo cívico ante el obispo de Bajadoz y Diego Colón. El diálogo cívico es una estrategia retórica fundamental a través de toda la *Historia*. En este caso en particular, la recreación del diálogo por el narrador funciona como la restitución del conocimiento a través de la ordenación de un espacio donde se coloca al narrador como mediador en una situación comunicativa ante el clérigo y los otros participantes.

El dilema y las opiniones del clérigo y del obispo se presentan al reiniciarse el diálogo entre ellos, después de que Las Casas se da cuenta de que el obispo de Darién comerá con el obispo de Bajadoz, defensor de la causa indígena. Las Casas va al castillo e interrumpe los juegos de tablas y una conversación sobre el trigo que se había cultivado en las Indias. Ante las opiniones negativas del obispo fray Juan Cabedo sobre el nuevo trigo de las Indias, Las Casas, sorpresivamente, saca de su bolsillo "ciertas espigas que habían nacido bajo un naranjo en la huerta del monesterio de Sancto Domingo" (III: 337-38). El obispo interrumpe a Las Casas para cuestionarle su conocimiento sobre el trigo de las Indias: " '¿Qué sabéis vos y qué letras y ciencias es la vuestra?' " (III: 338). Las Casas le responde y al hacerlo desvía la conversación a la situación de los indígenas. Le responde en tres conclusiones donde acusa al obispo del Darién de pecador, "comer y beber la sangre de sus ovejas" y señala que morirá como Judas si no restituye toda la riqueza que trae a Europa de las Indias (III: 338). Este diálogo cívico da pie a seis capítulos sobre la agravante condición de las comunidades indígenas y la polémica situación de los religiosos que apoyan a los encomenderos e imitan sus prácticas condenables a la luz del dogma.

Se ha señalado que uno de los aspectos de la autoescritura en tercera persona que acarrea el discurso autobiográfico al terreno de la ficción es el uso del diálogo ficticio, uno de los recursos más antiguos de la literatura polémica (Lejeune 48). Esta estrategia se utiliza en la construcción de una imagen del enemigo donde los prejuicios del presente se manifiestan. En la introducción del episodio entre Las Casas y el primer obispo de Darién, fray Juan Cabedo, el sujeto enunciador afirma que él no sabía a qué había venido el obispo del Darién a España, pero añade: "no al menos para remedio de las tiranías y perdición que padecían sus ovejas, según por algunas de sus palabras se pudo conjeturar" (III: 336). Después, agrega que se supo que había pedido que despidiesen de la corte a Las Casas por considerársele "destruidor de tantos hidalgos que con los indios se mantenían y como enemigo de su nación" (III: 337). El historiador describe las réplicas del obispo a Las Casas como arrogantes y torpes y, al notar que no podía refutarle las objeciones a Las Casas, el historiador escribe: "Desque vido el obispo que por las veras, no podía mucho con el clérigo ganar, comenzó a echallo por burlas y mofas, riéndose escarnecido de las saetadas que el clérigo le daba" (III: 338).

Con la reescritura de este episodio, vemos otra dimensión del uso de la tercera persona. El uso del "no-yo" confunde al destinatario al presentar desde un ángulo aparentemente objetivo la relación de los eventos verificados por la perspectiva del testigo fidedigno. La confirmación o testimonio del narrador es un lugar común que se reitera en todos los textos de Las Casas para verificar los eventos, aunque la función aquí no es de confirmar las acciones de los españoles, sino las de "ese otro yo" cuya vida necesita validarse y exaltarse. La identificación del yo como el Otro es sumamente compleja. William Howarth, en su trabajo teórico sobre la autobiografía, ha señalado que hay que distinguir al historiador del personaje, ya que la función es doble, comparten el mismo nombre pero no el mismo tiempo y espacio (87). El narrador/biógrafo funciona como artista con una técnica estilística, lingüística y estructural para presentarnos un autorretrato de adentro para afuera (Howarth 87). En el caso de Las Casas, la cuestión de la personalidad que se construye en el texto está determinada por su conciencia como individuo que tiene que edificar "su lugar" en la historia.

El obispo de Bajadoz, quien había presenciado el desafío entre Juan Cabedo y Las Casas, le relata el incidente al Rey. El asunto le interesa a Carlos V y, si bien exigió "que los amonestasen para que en el tercero día apareciesen ante su real acatamiento, porque los quería oír a ambos; y como a persona que tocaban las cosas de las Indias, mandó que también se hallase presente el Almirante" (III: 339). Asistió también a la audiencia, a petición del Rey, un religioso de San Francisco que defendió las opiniones de Las Casas sobre la responsabilidad de proteger a los indígenas. La reconstrucción dramática de este episodio se centra en el interés del nuevo Emperador por los asuntos de las Indias y en el aprecio que ya se sentía en la corte por Las Casas. El dramatismo del episodio resalta las virtudes de Carlos V, quien escucha atentamente al clérigo, al obispo del Darién, al franciscano y a Diego Colón. El Rey, quien sólo habla a través de su canciller, dirige la escena al exigir la presencia de todos, ya que el obispo pedía una audiencia en privado. El discurso de Las Casas se centra en probar que los indígenas no son siervos por naturaleza y le pide:

[. . .] de Vuestra Real Majestad será propio desterrar en el principio de su reinado de aquellas tierras tan enorme y horrenda, delante de Dios y los hombres, tiranía, que tantos males y daños irreparables causa en perdición de la mayor parte del linaje humano, para que Nuestro Señor Jesucristo, que murió por aquellas gentes, su real Estado prospere por muy largos días. (III: 344)

El diálogo entre el obispo del Darién y Las Casas sirve de preámbulo para lo que llamaré "la ocasión retórica" del fraile sobre lo que provoca la desdicha de los indígenas ante Carlos V. Este episodio ha sido comparado por Gastón García Cantú con el que aparece en *El Villano del Danubio* de Guevara. Según él, se percibe la voz de Las Casas en el texto de Guevara. Ambos, Las Casas y Marco Aurelio, quieren persuadir a Carlos V para restablecer "la justicia y reparar un daño histórico" (García Cantú 37). Lo interesante de esta comparación es que en el caso del episodio verdadero que narra Las Casas, se ficcionaliza el evento para dejar constancia, a través del discurso del sujeto enunciador, de la fama y el favor que se iba implantando de las acciones y opiniones de "micer Bartolomé" entre los consejeros y el Emperador.

"LOS MALES Y TESTIMONIOS FALSOS"

La construcción narrativa de las vidas de Las Casas y Colón se enmarcan en el *imago dei* por los ideales que persiguen y la unión con Dios a la que aspiran. Ambos se construyen como individuos marginados que tienen que luchar contra toda adversidad para realizar el plan divino. De acuerdo con el sujeto enunciador, ambos protagonistas son figuras ejemplares y víctimas de las fuerzas negativas de los que rodean al Emperador y de los conquistadores que "descubren y destruyen" el espacio americano. Bajo la máscara de otra vida ejemplar, el narrador se convierte en protagonista de su propia narración textualizando el proceso de interacción entre el historiador enmascarado en una "no-persona" y el evento histórico.[20]

El objetivo explícito del tercer libro de la *Historia de las Indias* es narrar los eventos históricos más importantes: "desde el de 511 hasta el de 20 acaeció, que convenga tener perpetua memoria" (II: 432). Sin embargo, cada aspecto que encuentra digno de narrarse ha sido filtrado por un proceso de selección que retoma y refuta la versión oficial o "las murmuraciones" de los enemigos del "clérigo Casas" en el Nuevo Mundo y en la corte flamenca de Carlos V. Refiriéndose a Fernández de Oviedo y a López de Gómara señala:

lo que dice mezcla con falsedades a su propósito en disfavor de los indios, según siempre hizo [. . .] levanta al clérigo como que andaba deseoso de mandar, y Dios sabe que no dijo verdad [. . .]. Escribió después dél un clérigo llamado Gómara [. . .] y tomó de la *Historia* de Oviedo todo lo falso cerca del clérigo Casas, y añidió muchas otras cosas que ni por pensamiento pasaron". (III: 320-321)

Lo que el sujeto enunciador llama "la historia y camino del clérigo" se convierte en el argumento central y en el mejor ejemplo que demuestra, como imagen metonímica, las polémicas del pasado de la historia misionera y de la lucha en defensa de los amerindios.

El evento más trágico de la vida política de Las Casas fue la matanza de los religiosos en la misión de Cumaná. Éste le puso fin al primer experimento de evangelización pacífica en tierra firme que gestionó Las Casas. En 1520 la Corona aprobó las cédulas reales para la ejecución de la capitulación que fundaba una comunidad de religiosos e indígenas en la conocida costa de las perlas en la región del Paria.[21] El Emperador accedió a no conceder encomiendas en la zona y a conseguir una bula papal para la protección y el reclutamiento de los religiosos dominicos y franciscanos que irían a convertir a los indígenas (Wagner y Parish 57-58). La reconstrucción de este episodio presenta una dimensión apologética de la vida de Las Casas, que no sólo lo justifica a él, sino a los indios que cometieron la matanza. La reescritura incluye extensamente todos los pormenores que concluyeron en la concesión de las tierras, enfatizando las provocaciones del obispo de Burgos y el secretario del Consejo. Al describir los problemas, el narrador afirma que los enemigos de Las Casas hacían todo lo posible para impedir el proyecto de evangelización al dilatar las reuniones del Consejo de Indias y presentar impedimentos una vez se convocaban. Las Casas justifica lo que exige a la Corona para el éxito de la empresa al incluir los detalles como el número de personas que iban a participar, el dinero necesario, las naves que necesitaban y hasta el vestido que deberían llevar los frailes voluntarios. La narración de los eventos que justificaron la fundación de Cumaná introduce un discurso interpretativo de la filosofía pacifista detrás de la empresa de penetración religiosa, política y cultural que se contrapone a la violencia de la conquista militar.

Las interpretaciones de Fernández de Oviedo de lo que se ha llamado el "fiasco de Cumaná" rayan en la crítica personal y política con la sugerencia de que la decisión de Las Casas de pedir el hábito de la Orden de los Predicadores y el retiro al convento en Santo Domingo, después de la experiencia en Cumaná, fue por razones económicas. Las Casas, al reinterpretar estos eventos, intenta limpiarse de toda culpa revelando la red de circunstancias que condujeron al fracaso de uno de los primeros intentos de fundación de una comunidad evangélica libre de presencia militar y encomiendas. Según Fernández de Oviedo:

> El padre liçençiado Bartolomé de las Casas, cómo supo el mal subçeso de su gente, y conosçió el mal recabdo que avia por su parte en la conservación de las vidas de aquellos simples é cobdiçiosos labradores que al loor de la caballería prometida y de sus fábulas le siguieron; y el mal cuento que ovo en la haçienda que se le encargó, y que él a tan mala guarda dexó, acordó que pues no tenía bienes con que pagarlo, que en oraçiones e sacrifiçios, metiéndose a frayle, podría satisfaçer en parte á los muertos, y dejaría de contender con los vivos. E assí lo hizo e tomó el hábito del glorioso Sancto Domingo de la Observancia. (I: 602).

La inclusión de los detalles de la entrada de Las Casas a la Orden de los Predicadores en la *Historia* es fundamental en la crítica de Oviedo porque la empresa fracasa y Las Casas tuvo que confrontar la reacción de sus detractores ante la corte y los inversionistas que habían financiado el proyecto.

La versión del episodio de Cumaná, que incluye los rumores de su propia muerte, precisa una reflexión. Según el narrador, el clérigo, que va en camino anónimamente, se encuentra con unos españoles que le dan las noticias de la muerte del clérigo Casas:

> Viniendo, pues, el dicho clérigo de la Yaguana para esta ciudad de Sancto Domingo, con ciertos que con él venían, sesteando en un río y él durmiendo debajo de un árbol, llegaron ciertos caminantes allí; preguntados por los que estaban que nuevas había de la ciudad o de Castilla, respondieron: "No hay otras sino que los indios de la costa de las perlas han muerto al clérigo Bartolomé de las Casas y a toda su familia." Respondieron los que estaban: "Nosotros somos testigos que eso es imposible". Estando sobre ello porfiando, despertó el clérigo como de un abismo, y, entendidas las nuevas, no supo qué decir ni si lo creer; pero considerada la disposición que dejaba en la tierra y los casos acaescidos, comenzó a temer y a creer que debía ser todo cuánto había por aquesto trabajado, perdido y como después cognosció más destas cosas, juzgó haber sido juicio divino que le quizó castigar y afligir por juntarse a hacer compañía con los que él creía que no le ayudaban ni favorecían por Dios y por celo de ganar ánimas. (III: 381-2)

El anuncio de su muerte "en vida" es el último episodio de "la vida y camino del clérigo Casas" que se intercala en el tercer libro de la *Historia*. Éste es un evento crucial porque marca la segunda conversión de Las

Casas al entrar al convento dominicano en La Española. El sujeto narrador anuncia este retiro como una muerte de la cual resucitará el clérigo:

> [. . .] y desde allí comenzó a pensar más frecuentemente en su estado,
> y al fin determinó de hacer cuenta que ya era muerto, cuando las cartas y respuestas del rey allegasen; y así pidió el hábito con mucho gozo y alegría de los frailes y no menos toda la ciudad y todas las Indias,
> desque lo supieron, aunque de diferente manera y por diversos fines
> los frailes y los seglares se gozaron; porque los frailes, espiritualmente, por el bien de la conversión del que amaban con caridad, y los seglares porque vían faltalles, como si lo vieran enterrado, aquel que les
> estorbaba los robos que hacían y entendían hacer con todo su inicuo
> interese temporal. Sino que después resucitó, a lo que puede creerse
> por voluntad de Dios, a pesar de muchos, para estorbar algunos males
> que estorbó con el favor divino. (III: 397)

Sorprende que la narración de la vida del clérigo finaliza con la imagen del fraile cansado que se va a dormir: "Y con esto, dejemos de tractar por algunos años que el clérigo, ya fraile, fray Bartolomé de las Casas, durmió al parecer, de las cosas dél, hasta que ocurra el tiempo, si Dios diere vida, que tornemos a su historia de quien habrá bien que decir" (III: 388). Hay que recordar que Las Casas pensaba que escribiría la *Historia de las Indias* hasta el año 1550, documentando así seis décadas de la colonización. Podríamos identificar el acto de escritura como ese "despertar" que ha sido anticipado por el narrador. Las Casas no podrá narrar sus intervenciones más trascendentales, pero podemos señalar que al corregir la copia autógrafa se resumen y se insinúan los episodios más controversiales de su vida. El cierre del tercer libro de la *Historia* revela una imagen claramente inspirada en el *imitatio Christi* de la biografía renacentista: el clérigo metafóricamente crucificado por sus siervos se redime por medio de la escritura de la historia como mensaje para la salvación. Las Casas reitera los procedimientos de la argumentación que utilizó en la biografía colombina: reconocimiento de la divinidad, imitación del modelo ejemplar y exhortación a participar de la vida cristiana.

En términos políticos, el episodio de Cumaná le dio una ventaja a sus enemigos con la opinión que se propagó de la imposibilidad de la evangelización pacífica en la tierra firme. Las Casas, quien siempre señala que su "único modo" asegura el bienestar de la Corona, exonera a los amerindios de toda culpa:

> Los indios desta tierra, o por los insultos que se les habían hecho por
> los españoles antes que el clérigo se partiese, o por los que después de

> partido les hicieron, o por la infelicidad dellos mismos, por la cual no
> merecieron vivir sin aquellas zozobras e impedimentos para que a Dios
> cognoscieran, determináronse de matar la gente del clérigo y a los frai-
> les y a cuantos españoles pudiesen haber [. . .] también habían conjura-
> do contra él, viendo que no salía verdad la paz y amor y quietud y justi-
> cia que de las partes del rey nuevo de Castilla les prometiera.
> (III: 379)

El uso de la tercera persona en la autoescritura lascasiana surte un efecto
de distanciamiento que facilita la construcción de un sujeto que se edifica
y al mismo tiempo se juzga, amonesta y se vuelve a aceptar. Esta perspectiva autorreferencial complica el estudio de la dimensión confesional
en la historia, pero no la suprime, a pesar de que el historiador comparte,
juzga y defiende al sujeto en su rol de confesado. Con el caso de Cumaná, queda expresado un profundo sentimiento de culpa que va más allá
del pacto que hizo el clérigo con el flamenco Adriano de Utrecht, los
consejeros y los oficiales del Emperador. La conciencia de pecador tiene
que relacionarse con la memoria de su vida de encomendero y de fomen-
tador de la esclavitud africana. La autoescritura en este momento crítico
se convierte en vehículo de propagación de su propia deshonra, lo que
fue su condición anterior de esclavista.[22]

En el texto se establece una ruptura con el modelo tradicional de la
autobiografía espiritual que prevalece en la América colonial.[23] El sujeto
enunciador provee una relación de la jornada interior y de los pecados de
su protagonista, a modo de confesión transgredida, paralela al itinerario
exterior marcado por los eventos políticos. La narración de la crisis espiritual y la vida política del clérigo depende del discurso exegético, ideológico y mesiánico del historiador:

> [. . .] juzgó haber sido juicio divino que le quiso castigar y afligir por
> juntarse a hacer compañía con los que él creía que no le ayudaban ni
> favorecían por Dios ni por celo de ganar las ánimas, que por aquellas
> provincias perecían, sino por sola cudicia de hacerse ricos, y parece que
> ofendió a Dios maculando la puridad de su negocio espiritualísimo y
> fin que sólo por Dios pretendía [. . .]. (III: 382)

En este pasaje reluce la digresión apologética del narrador/teólogo que en
un sermón justifica las acciones y las decisiones del clérigo Casas. En la
Historia de las Indias la vida de Las Casas se erige como sujeto histórico
y modelo ejemplar que trasciende en acciones y virtudes a los otros protagonistas de los primeros años de la conquista. A un nivel más general,
se ubica al sujeto en el centro de los eventos y de las polémicas de domi-

nio político. Esta dimensión pública del sujeto dramatiza sus virtudes morales, religiosas y políticas para refutar la visión oficial y colonial de la historia que da pie a lo que ha llamado Fernando Ortiz "la leyenda negra contra Bartolomé de las Casas". Ortiz, defensor asiduo de Las Casas, señala que la verdadera leyenda negra fue la que lo envolvió: "Leyenda por la irrealidad de sus imputaciones, y *negra* porque se quiere oscurecer su gloria de 'Protector de los Indios' denigrándolo como 'esclavizador de los negros' " (147).

"LAS MISMAS TIRANÍAS Y PECADOS"

En la evaluación de conciencia que se manifiesta en el discurso confesional, la retórica de la ejemplaridad emerge como un discurso dominante de la práctica autobiográfica religiosa e incluso en los textos de carácter literario del Siglo de Oro.[24] Más importante aún ha sido el planteamiento de que la confesión bajo la influencia del humanismo y la retórica pasó por un proceso de secularización para servir a nuevos propósitos político-sociales dentro del contexto humanista (Zimmerman, "Confession and Autobiography" 127). La dimensión confesional representa el aspecto más introspectivo y persuasivo de la *Historia*. En el texto domina el impulso escolástico de la confesión espiritual para servir a los propósitos cifrados en la manifestación de la culpabilidad propia para apelar a la conciencia del destinatario. Se establece un contraste entre el presente de la escritura y el pasado de la narración al mediar entre ambos tiempos un discurso crítico que confronta las contradicciones y errores del sujeto ante el doble destinatario, Dios y el lector. Se apela a ambos para juzgar la vida, acciones y decisiones del clérigo. Aunque no se manifiesta el diálogo exclusivo con Dios que caracteriza el discurso espiritual de la confesión, insisto en la lectura de estos episodios como confesión, puesto que textualizan las múltiples transformaciones o conversiones de la vida de Las Casas. Lo que encontramos es una reconstrucción reflexiva, desde adentro para afuera, de los episodios críticos de la vida de Las Casas, que dado el contrato autobiográfico, debemos de leer como confesión al doble destinatario.

Hay que dejar claro que lo que provoca el testimonio y la confesión del pasado de encomendero reside en circunstancias externas y en la propia culpa que trata de exorcizar por medio de la escritura. No es coincidencia que Las Casas en sus últimos años se enfoque en la autoridad de su experiencia (que incluye sus propios errores) e insista en que los obispos y religiosos restituyan "todo el oro, la plata y las piedras preciosas que se ha[n] robado" (*Obras escogidas* 542). El tema de la restitución se destaca en el tratado "Aquí se contienen unos avisos y reglas para los confesores" (1552), *De Thesauris* (1562) y en la ya mencionada "Petición al Papa Pío V".[25]

En esta petición, redactada en Madrid en abril de 1566, Las Casas le pide al Pontífice que censure a todos aquellos religiosos que no defienden los derechos de los amerindios y determina: "A V.B. humildemente suplico que renovando estos sacros cánones mande a los obispos de Indias por sancta obediencia que tengan todo cuidado de aquellos naturales los cuales oprimidos con sumos trabajos y tiranías (más que se puede creer) [. . .] poniéndose por muro de ellos hasta derramar su sangre" (*Obras escogidas* 541). La segunda petición, apunta a los religiosos que predican sin aprender las lenguas indígenas y que roban la riqueza del espacio natural americano. Las Casas ruega que los religiosos en el Nuevo Mundo sean obligados "por ley natural y divina" a aprender las lenguas indígenas y, por último, a la restitución de la riqueza indígena que han adquirido durante su ministerio en las Indias. Según Las Casas, las acciones de los religiosos son "detrimento de nuestra santísima religión" (*Obras escogidas* 542).[26]

Interesante de esta petición es que él se coloca como fiscal en una posición donde él es la fuente de conocimiento para la autoridad jurídica y social. Como bien sabemos, son precisamente estos pedidos los que provocan la ira de los colonizadores, los encomenderos y los religiosos como fray Juan Cabedo y el obispo Francisco Marroquín, entre otros. Hay que subrayar que la autoescritura y la confesión, paralelas a estas demandas de restitución, fundan una conciencia de culpa que comienza a manifestarse en esa misma década y continúa durante el siglo XVII.[27] Esto se evidencia en la cantidad de colonizadores que incluyen en sus testamentos cláusulas que restituyen las propiedades robadas a los indígenas (Murga 43-44).[28]

En la *Historia de las Indias* las alusiones a su encomienda de Arrimao (Cuba), sirven de preámbulo para la descripción de la llamada la primera conversión de Bartolomé de las Casas en 1514 (Manuel Giménez Fernández, "A Biographical Sketch" 74). La narración y el drama de la condición de esclavista del "clérigo Casas" se puede traducir en una experiencia colectiva donde "él", como pecador, no es diferente a los demás: "el padre comenzó a entender en hacer granjerías y en echar parte de ellos en las minas, teniendo harto más cuidado dellas que de dar doctrina a los indios, habiendo de ser, como lo era, aquél su oficio; pero en aquella materia tan ciego estaba por aquel tiempo el buen padre" (II:

546).

La conversión se hace patente en las cavilaciones sobre la responsabilidad de suministrar misa y confesión a los españoles. Según la voz narrativa, los sermones que predicó durante las Pascuas lo hicieron reflexionar sobre los padecimientos de los indígenas:

> Pasados, pues, algunos días en aquesta consideración, y cada día más y más certificándose por lo que leía cuanto al derecho y vía del hecho, aplicando lo uno a lo otro, determinó en sí mismo, convencido de la misma verdad, ser injusto y tiránico todo cuanto cerca de los indios destas Indias se cometía. (III: 93)

La ejemplaridad de la conversión se revela precisamente en este comentario que rebasa a creces cualquier otro intento de santificación anterior: "y todos los demás comenzaron a tener otro nuevo concepto dél que tenían de antes, desque supieron que había dejado los indios, lo que por entonces y siempre ha sido estimado por el sumo argumento que de santidad podría mostrarse" (III: 95). La conversión reconocida por el Otro revela la hipocresía de aquellos que a pesar de ir a misa y confesarse maltrataban y mataban a los nativos: "quedaron todos admirados y aun espantados de los que les dijo [. . .] oyendo cosas tan nuevas como era decir que sin pecado no podían tener los indios en su servicio" (III: 95). Este momento que revela una diferencia entre él y los otros religiosos es emblemático del verdadero quehacer del misionero cuyas energías van a estar depositadas en persuadir a los soldados y encomenderos españoles sobre las prácticas de conquista.

Está claro que Las Casas promueve una imagen de sí mismo que exorciza los demonios de su vida pasada como encomendero en Cuba y promotor de la trata de esclavos africanos. Este aspecto, que es central en la difundida leyenda negra contra Bartolomé de las Casas, fundada en el texto dieciochesco *Recherches philosophiques sur les américains* (1768) de Corneille De Pauw, se viene refutando desde el siglo XIX.[29] El mismo Fernando Ortiz ha subrayado:

> Si a Las Casas se le puede llamar apóstol de los indios también fue apóstol de los negros. La historia reta a sus enemigos a que presenten unos textos a favor de los negros esclavos contra su cautiverio en África y su cruel tratamiento en otras partes, que sean más tempranos, vivos y concluyentes que los escritos con ese propósito por Bartolomé de las Casas, el gran español. (183).

La defensa y la apología de Las Casas se ha mantenido con los planteamientos de los lascasistas Marcel Bataillon, Ángel Losada, Lewis Hanke
y, más recientemente los trabajos de Isacio Pérez Fernández, quien ha
publicado uno de los estudios más detallados sobre las intervenciones de
Las Casas en la exportación de esclavos africanos. Este historiador de la
Orden dominicana se basa en dos argumentos: primero, que Las Casas no
fomentó la trata inicialmente porque, como él prueba, el clérigo comenzó
a intervenir en el asunto en 1516, mucho después de que se hubiera ini-
ciado la deportación de africanos a América; y, segundo, que Las Casas
fue uno de los primeros que denunció las condiciones de los esclavos
bozales y ladinos en el Nuevo Mundo (*Fray Bartolomé de las Casas* 11).
Cuando Las Casas le presenta al cardenal Cisneros su "Memorial de remedios" (1516) propone: "en lugar de los indios que había de tener en las
comunidades, sustente S.A. en cada una veinte negros o otros esclavos en
las minas [. . .]" (Pérez Fernández, *Fray Bartolomé de las Casas* 37).

En el primer libro de la *Historia de las Indias* se tocan los eventos
que propiciaron la trata africana por los portugueses y, en el tercero, se
detallan las opiniones e intervenciones del clérigo que levanta ataques
contra las condiciones precarias de los ingenios en las islas caribeñas:
"después que los metieron en los ingenios, por los grandes trabajos que
padecían y por los brebajes que de las mieles de caña hacen y beben,
hallaron su muerte y pestilencia, y así muchos de ellos cada día mueren"
(III: 279).[30] Al referirse a sus propias intervenciones, Las Casas apunta a
su propio arrepentimiento: "no poco después se halló arrepiso, juzgándo-
se culpado por inadvertente, porque como después vido y averiguó, según parecerá, ser tan injusto el captiverio de los negros como el de los
indios, no fué discreto remedio el que aconsejó que se trujesen negros
para que se libertasen los indios" (III: 275). Al igual que en las *Confesiones* de San Agustín, en la *Historia de las Indias* el individuo se representa en una lucha constante con las fuerzas negativas que dominan sus propias circunstancias. Si en las *Confesiones* estas fuerzas están representa-
das por la tentación de las pasiones, en la *Historia* es la incitación a
esclavizar y enriquecerse. La lucha de Las Casas entre las fuerzas del
bien y del mal manifiestan el modelo del desarrollo espiritual que va desde el pasado del fraile como esclavista a la de un religioso ejemplar en
palabra y acción. El yo del presente (el sujeto enunciador) es incompara-
ble al sujeto del enunciado ya que la cadena de episodios y anécdotas
personales establecen una secuencia que culmina en el presente estado de
conocimiento y de autoridad.

La relación del itinerario interior depende de la narración de los momentos de la vida pública que ponen a prueba al clérigo y lo encaminan por la vía cristiana en contra de la conquista. El diálogo ficticio entre el obispo que lo acusó de haber sido esclavista y la respuesta del clérigo demuestran la fuerza del ingenio del clérigo y revelan que su vida es un ejemplo digno a seguirse: " 'Pues vos estábades en las mismas tiranías y pecados', lo cual decía porque había tenido indios el clérigo repartidos, como arriba queda declarado y él no lo negaba; respondió el clérigo no con menos cólera y coraje: 'Si yo los imité o seguí en aquellas maldades; haga vuestra señoría que me sigan a mí en salir de los robos, y homicidios y crueldades en que perseveran y cada día hacen' (III: 185). Con esto vemos la construcción de un sujeto cuyos pecados y avatares se identifican con los colonos y encomenderos denunciados en el texto. Una lectura de la narración implica que si Dios perdonó al clérigo, como sugiere el argumento mesiánico de su salvación y conversión, lo tienen que perdonar los demás y al perdonarlo se tienen que mirar a sí mismos y reconocer sus propios errores.

Bartolomé de las Casas fue uno de los primeros cronistas de Indias en articular una crítica de las prácticas colonizadoras donde, para persuadir, su propia vida se convierte en *exemplum* y en la mejor evidencia que puede ofrecer para refutar la perspectiva oficial que favorece la conquista militar. La rescritura de su propia experiencia funciona como figura metonímica. Si su propia experiencia se ha deformado, toda la historia de la conquista y colonización se ha malinterpretado también. Como vemos, la autoescritura lascasiana, a diferencia del diario y las cartas de Colón, las cartas de Cortés o la relación de Bernal Díaz del Castillo, va más allá de ser escritura motivada por la búsqueda del poder o las necesidades de recompensa económica por los servicios rendidos. El discurso autobiográfico, como "discurso entre discursos", es asimismo el testimonio de un sujeto que sale del ámbito periférico para promover y esculpir una imagen contestataria de sí mismo. La escritura constituye, por tanto, el medio a través del cual Las Casas aprehende su yo a través de la toma de conciencia y las fluctuaciones de su propia subjetividad.

En el discurso político de Bartolomé de las Casas, vemos cómo la autoridad político-social se convierte en una construcción retórica de la experiencia y una categoría discursiva privilegiada. La autoridad es entonces un acto que puede ser disputado y negociado al compararse a los modelos de autoridad del humanismo cristiano y reformador como el de Erasmo, Moro y Vives. La vida de Las Casas es una alegoría de la experiencia en los planos político y espiritual de los misioneros que se confrontan y se arriesgan ante las fuerzas satánicas que dominan la conquista militar. Las Casas utiliza el mejor ejemplo que puede encontrar para autorizar la verdad histórica y su proyecto anticolonial, no por medio de rumores, lecturas, pareceres o, lo que ha visto, sino mediante el testimonio de lo que ha vivido.

El cuerpo político-textual de Bartolomé de las Casas es uno de los mejores ejemplos de la textualidad abierta, contradictoria, heterogénea y polivalente que define la modernidad. Bartolomé de las Casas reitera el ideal ciceroniano que une la sabiduría y la elocuencia y, con esto, le da continuidad al humanismo cristiano en el Nuevo Mundo. La escritura de la historia es otra oportunidad de Las Casas para demostrar que "la humanidad es una" y que puede existir una convivencia pacífica entre los pueblos europeos y los americanos. Al escribir la *Historia*, Las Casas resume e inmortaliza todos los argumentos que sostenía en su defensa del indígena y del espacio americano.

Los textos de Las Casas constituyen una contramemoria de la conquista y un género mixto que incorpora el discurso etnográfico (en el sentido moderno de representación y reinterpretación de las culturas) y una historia de vidas donde se subraya el rol de los escogidos, cuyas acciones son dignas de imitación. También sus textos se pueden leer como testimonios y sermones que le dan continuidad a los debates legales del dominio español en las Indias. En los momentos en que los sucesos históricos se deslizan hacia el dato auto/biográfico, la historia sugiere una reapertura de "los casos" del pasado para ofrecer nuevas evidencias a favor de estos héroes cuyas vidas han sido socavadas por la historiografía oficial y el estado español.

NOTAS

CAPÍTULO I

[1] La estampa original de 1791 se encuentra en la Sala Goya de la Biblioteca Nacional en Madrid.

[2] En "De imperatoria vel regia potestate", publicado póstumamente en Alemania en 1571, Las Casas anuncia desde su título la importancia de su parecer para el poder real. Se plantea en el texto que el ser humano es libre y que ningún rey o soberano puede expropiar las tierras, ni apoderarse de los vasallos, ni cambiar el régimen político sin el consentimiento del pueblo. Véase Pérez Fernández, *Inventario* 722.

[3] Véase el detallado *Inventario documentado de los escritos de fray Bartolomé de las Casas* preparado por el dominico Isacio Pérez Fernández. Aquí se registran todos los escritos conocidos de Las Casas, editados o inéditos, existentes en bibliotecas y archivos.

[4] El concepto de *locus* de enunciación es fundamental en la interpretación de los discursos coloniales. Original de Michel Foucault, *locus enuntiationis* o *mode d'enonciation* fue acotado inicialmente por Walter Mignolo en *The Darker Side of the Renaissance* para discutir la producción cultural en las colonias.

[5] En los estudios culturales y postcoloniales, la cuestión de la agencia apunta a la forma en que los individuos pueden promover un cambio social. Según Homi Bhabha, la agencia es un concepto fundamental para definir la forma en que los sujetos resisten el poder colonial (*The Location of Culture* 189). El concepto de violencia simbólica para reemplazar el abusado término de ideología es de Bourdieu, véase "Doxa and Common Life".

[6] La frase de pensamiento o "filosofía de la liberación" se populariza a raíz de la publicación de la revista franciscana "Nuevo Mundo", la cual publica en 1973 la primera colección de ensayos dedicada a este tema.

[7] Uno de los estudios más profundos sobre la llamada leyenda negra es de Ricardo García Cárcel, quien trata las razones históricas y algunas de sus fuentes desconocidas.

[8] Un ejemplo claro es el de Venancio Carro "para quien lo que hay de válido de Las Casas, teológicamente hablando, viene de Salamanca y especialmente de Vitoria" (Gutiérrez, *En busca de los pobres de Cristo 23*).

[9] Hay que señalar que las fronteras a las que me refiero no son solamente límites que dividen territorios nacionales, pero también "ways in which difference is deployed across societies and cultures to mark distinctions of power" (Singh and Schmidt vii).

[10] Foucault define la contramemoria como el elemento principal de las historias efectivas que se oponen a las historias tradicionales. La historia efectiva "deprives the self of the reassuring stability of life and nature [. . . and instead] deals with events in terms of their most effective characteristics, their most acute manifestations. An event consequently, is [. . .] the reversal of a relationship of forces, the usurpation of power, the appropriation of a vocabulary turned against those who had once used it, a feeble domination that poisons itself as it grows lax, the entry of a masked 'other' " (*Language, Counter-memory, Practice* 153-54).

[11] Véase de Lloyd Kramer "Literature, Criticism and the Imagination: The Literary Challenge of Hayden White and Dominick LaCapra".

[12] Los planteamientos de White han generado una serie de polémicas entre los historiadores, críticos literarios y filósofos de la historia que se resumen en los ensayos de Wulf Kansteiner, Chris Lorenz, Hans Kellner, Paul Roth y Lloyd Kramer.

[13] La metáfora "cuerpo político" en el contexto renacentista en el cual se ubica Las Casas, obligatoriamente tiene que incorporar la política de "los eventos" discursivos, el cuerpo físico y sexual, el espacio geocultural y la conciencia cívica y moral.

[14] Alejandro Cioranescu hace un sumario de las opiniones sobre esta cláusula de Marcel Bataillon, Juan Pérez de Tudela y Bueso, y Ramón Menéndez Pidal, entre otros y propone que con esta petición, Las Casas asegura el destino del texto para su publicación cerca de 1592, precisamente con la celebración del centenario de la llegada de Colón al Nuevo Mundo (371-73).

[15] Esta cláusula se encuentra en la primera edición de la *Historia de las Indias* de 1876.

[16] Véase los estudios de los historiadores Robert Elliot y Anthony Pagden (*European Encounters with the New World*) que proveen panoramas detallados del reinado de Felipe II y su política hacia las colonias españolas. Asimismo, se ha comentado la tensa relación entre Las Casas y Felipe II, a pesar de la influencia del dominico Bartolomé Carranza de Miranda, quien fungía como consejero del Rey. Véase D. A. Brading 69-71.

[17] El humanismo político se refiere al espíritu de civismo ciceroniano de compromiso político y de vida activa durante el Renacimiento (Baron 459).

[18] Si bien resulta un tanto contradictorio referirme a la escritura de Las Casas utilizando el concepto de subalternidad, él está sujeto a la hegemonía del imperio y escribe desde los márgenes de la estructura política para enunciar una de las críticas más radicales de la política trasatlántica y colocarse en una posición

contra el poder hegemónico. El concepto de subalternidad fue adoptado originalmente por Antonio Gramsci para referirse a los grupos de individuos dominados. Éste ha sido popularizado por Gayatrik Spivak en su ensayo "Can a Subaltern Speak?".

CAPÍTULO II

[1] Cecil Jane, refiriéndose a Las Casas, subrayó en 1928 "un autor cuyas oraciones no son, con frecuencia, de más de cien palabras y cuya afición por las cláusulas subordinadas y las observaciones entre paréntesis no están moderadas por la discreción" (citado en Hanke, *Estudios sobre fray Bartolomé de las Casas* 236).

[2] Utilizo el término de retórica en su connotación humanista como la define Victoria Kahn en su estudio sobre Maquiavelo como "el repertorio de los procedimientos persuasivos que incluyen el uso de figuras del lenguaje, la organización textual y la construcción del *ethos* y el *pathos* del hablante" (5). La traducción de Kahn es mía. La definición de Kristeller es más general cuando se refiere a la retórica como: "el arte de la persuasión, de la argumentación probable, del estilo de la prosa y de la composición" ("La retórica en la cultura medieval y renacentista" 11). Encuentro más precisa la definición de Kahn porque incluye los elementos esenciales de la construcción de una voz de autoridad (el *ethos* y el *pathos*) que eliminan la idea de neutralidad del sujeto enunciador.

[3] Harold Bloom desarrolla la idea de la ansiedad de la influencia en relación con la poesía romántica para sugerir que la mayor parte de la innovación literaria ocurre en los "misreadings" de los autores de la literatura anterior. La importancia de este concepto en los estudios renacentistas y coloniales radica en que los cronistas escriben en un periodo en el cual las comunidades de letrados reconocen la fuerza de las autoridades antiguas y patrísticas y su herencia intelectual.

[4] Véase la introducción de A. J. Minnis a su estudio *Medieval Theory of Authorship*.

[5] No ignoro el esfuerzo de Lewis Hanke en sus libros y ensayos sobre este tema, al contrario, parto de estas lecturas para ubicar a Las Casas dentro del contexto más amplio del humanismo cristiano europeo.

[6] A través de las interacciones de intelectuales entre los dos países durante los siglos XV y XVI, la ideología humanista echa raíces profundas en la península hispánica. Uno de los estudios más completos sobre la influencia italiana en el humanismo de la península es *El humanismo castellano del siglo XV* de Ottavio Di Camillo.

[7] Véase el ensayo de Rolena Adorno "The Intellectual Life of Bartolomé de las Casas" donde se discute la erudición de Las Casas dentro de su contexto histórico y se tratan las aportaciones fundamentales de Helen Rand Parish en cuanto a este tema.

[8] La palabra "buxerías" se refiere a "baratijas", véase Corominas 110.

[9] La edición de la carta que utilizo es la que aparece en el libro *Fray Toribio Motolinía, O.F.M. frente a Fray Bartolomé de las Casas, O.P.* de Isacio Pérez Fernández. Por esta razón, las referencias al texto de Motolinía de aquí en adelante serán identificadas bajo el nombre del editor.

[10] Las Casas, desde 1516, está entrando y saliendo de la corte para presentar varios memoriales ante el mismo rey y sus consejos que también citan a Lutero.

[11] Kevin Dunn ofrece un estudio sugerente de la presentación de Lutero en la Dieta de Worms que incluye la narrativa autoreferencial de Lutero y el uso de la retórica paulina para construir su autoridad (27-50).

[12] Si bien Lutero y Las Casas se convirtieron en enemigos públicos, no fue durante la misma época. La reacción antilascasista irrumpe décadas más tarde como se verá en el último capítulo.

[13] El tema de los prólogos durante el Siglo de Oro y el Renacimiento ha sido ampliamente estudiado por Alberto Porqueras Mayo.

[14] Antonio Cortijo Ocaña ha comentado el prólogo de la *Historia de las Indias* como documento independiente del texto que manifiesta las reglas de las artes de la historia renacentista.

[15] Robert Black ha señalado que la explicación para esta actividad crítica durante el siglo XVI fue la aparición de la *Poética* de Aristóteles y el interés en el escepticismo de Pirro (130).

[16] Las Casas comienza a escribir su historia en 1527, un año después de que se publicara el *Sumario de la natural historia de las Indias* de Fernández de Oviedo. Luego, en 1535, sigue la publicación de la monumental *Historia general y natural de las Indias*. Sin embargo, las alusiones de Las Casas a textos que no deben publicarse tienen que apuntar aquí a las gestiones de Sepúlveda para publicar el *Democrates secundus* finalizado en 1544. No podemos olvidar que en 1552, también, se publica la *Historia general de las Indias* de Francisco López de Gómara.

[17] Una lista bastante completa de las autoridades citadas en los textos de Las Casas se encuentra en el segundo apéndice del estudio de Ramón Jesús Queraltó Moreno.

[18] La definición latina de *historia* ha sido extremadamente problemática desde el siglo XVI. Como ejemplifica Las Casas, los autores han utilizado diferentes significados de acuerdo al contexto y a la intención. En del contexto moderno significa un relato o un inventario de conocimientos. El vocablo proviene del griego, que según Corominas, significa "búsqueda, averiguación" (322).

[19] La práctica de la retórica estuvo estrechamente relacionada desde sus orígenes griegos al conflicto social y a la intervención política al creerse en el principio de "la igualdad de derecho a la palabra" del ciudadano (Aristóteles, *Retórica* 7). Según Aristóteles, la elocuencia fue imprescindible para todo ciudadano que aspirara a un cargo público, para educar, persuadir y "hacer el argumento inferior el mejor" (*Retórica* 162).

[20] Víctor Frankl promueve una de las discusiones más completas sobre la polivalencia del concepto de verdad histórica durante la Edad Media y el Renacimien-

to. Véase *El Antijovio de Gonzalo Jiménez de Quesada y las concepciones de realidad y verdad* 82-303.

[21] Según Cortijo Ocaña, en esta segunda parte "más tradicional", construida con el modelo de comentario y exégesis conocido como *accesus ad auctores*, se entronca la dimensión escolástica de Las Casas (223).

[22] Mary Carruthers, al discutir la forma en que la composición comienza con los procesos de la lectura, señala que es común en los autores medievales autorrepresentarse como lectores de libros antiguos o participantes en los círculos de oyentes (*The Book of Memory* 191). Esta práctica continúa durante el Renacimiento y su estudio es esencial en el análisis de la genealogía de las formas retóricas en la escritura de la historia.

[23] Véase el quinto capítulo de *Machiavelli and Guicciardini: Politics and History in Sixteenth-Century Florence,* Felix Gilbert 203-235.

[24] Sobre la historia y el desarrollo del problema de la trama, véase de MacPhail "The Plot of History from the Antiquity to the Renaissance".

[25] En España, Juan Luis Vives reaccionó contra las cinco divisiones de la retórica tradicional. En *De ratione dicendi* (1532) presenta una serie de reformas para esta disciplina (Abbot, "La retórica y el renacimiento" 123-124).

[26] Véase Paul O. Kristeller, *El pensamiento renacentista* 323 y James Murphy "Mil autores olvidados" 33-51. La preceptiva retórica española ha sido estudiada exhaustivamente por Antonio Martí en *La preceptiva española en el Siglo de Oro*; José Rico Verdú en *La retórica española en los siglos XVI y XVII* y Luisa López Grigera en *La retórica en la España del Siglo de Oro*.

[27] El mercado de la imprenta en Europa, específicamente en España y en el Nuevo Mundo, ha sido tema de extensos y detallados estudios como el Henri-Jean Martín, *The History and Power of Writing* y, de publicación reciente, el estudio de Carlos Alberto González Sánchez, *Los mundos del libro*, que trata la cultura libresca en las Indias desde una perspectiva sociocultural.

[28] Para un panorama de los temas y lugares comunes de la historiografía medieval véase *Literatura medieval y latina* de Ernst Curtius; *Historians in the Middle Ages* de Beryl Smalley; "The notion of History in Early Medieval Historians" de B. M. Lacroix; *Essays in Ancient and Modern Historiography*" de Arnaldo Momigliano.

[29] R. G. Collingwood describe la historiografía cristiana como necesariamente "universal, providencial y apocalíptica" (56).

[30] Según Debora Shuger los oradores religiosos, al basarse en el estilo elevado clásico y en los principios teológicos y sicológicos del Renacimiento, enfatizaban la pasión, la sublimidad y la grandeza del discurso sagrado. Véase *Sacred Rhetoric* 7.

Capítulo III

[1] Me refiero a los estudios de Margarita Zamora, José Rabasa, Stephen Greenblatt, David Henige y Djelal Kadir. También se han publicado numerosas nue-

vas biografías en los Estados Unidos y en Europa que le dan continuidad a los mismos esfuerzos, que ya vemos durante el siglo XVI, de exaltar o marginar la figura de Cristóbal Colón.

[2] El concepto de "vida-texto" lo apropio de William H. Epstein. Él subraya: "The hinging or folding of the generic space constituted in and by the relationship between "facts" and "life-text" is the crucial operation in the biographical recognition of the relationships between and among the 'natural,' the 'cultural' and the 'narrable'" (*Recognizing Biography* 49).

[3] Le hago ecos a Eric Cochrane, quien subraya que la biografía es un género lateral de la historiografía (*Historians and Historiography in the Italian Renaissance* 393).

[4] Eloy Benito Ruano enfatiza la importancia de la escritura de vidas en la historiografía de la Edad Media (77).

[5] Tenemos que recordar que esta dimensión de la biografía como contradiscurso se reveló en los textos encomiásticos de la antigüedad griega, particularmente en las primeras biografías de Sócrates, cuya polémica ejecución ha quedado señalada en las vidas y los retratos que siguieron del filósofo. La tradición helénica también nos ha legado la perspectiva idealizante que ha contribuido a la poética del discurso biográfico. Véase el artículo de John A. Garraty, "Biography in the Ancient World", donde se explora este tema detalladamente.

[6] La historia de la Iglesia de Eusebio de Cesárea sirve de modelo a las historias del siglo XII como la *Historia de Roderici, Chronica Adefonsi Imperatonis* y la *Historia silense*, las que manifiestan esta estrategia de composición y la necesidad de preservar la memoria de las grandes hazañas. Véase West.

[7] Los herederos de Colón continuaron sus disputas contra la Corona hasta 1792. Véase los detallados volúmenes de los *Pleitos colombinos* que documentan todos los legajos relativos al proceso entre la Corona y la familia Colón.

[8] La Biblioteca John Carter Brown ha publicado la edición bilingüe de los *Derechos de descubrimiento* en cuya introducción Helen Nader ofrece un panorama histórico de los primeros pasos iniciados por Cristóbal Colón en la defensa de sus privilegios (3-17).

[9] Demetrio Ramos opina que la llamada "primera conversión" de Las Casas tiene que estudiarse a la luz del "cambio de coyuntura indiana" que se identifica con la crisis de poder de Diego Colón en La Española (252). Es cierto que Las Casas documenta también los eventos significativos de la vida del segundo almirante, sin embargo, se centra en el padre y en las eventualidades del hijo quedan como evidencia de las continuas injusticias contra la familia Colón.

[10] Véase el artículo de Marcel Bataillon "Historiografía oficial de Colón: de Pedro Mártir a Oviedo y Gómara".

[11] Pedro Mártir de Anglería y Hernán Pérez de Oliva, sin tener experiencia directa en el Nuevo Mundo presentaron una perspectiva favorecedora de las acciones de Colón mucho antes de que Fernando Colón y Las Casas emprendieran la escritura de sus respectivas historias.

[12] Colón también aparece como héroe épico en los poemas "De navigatione Columbi libri quattuor" de Lorenzo Gambara de Brescia (1581); "Columbeidos

libri priores duo" (1585) de Julio César Stella y en "Il Mundo nuovo" (1596) de Giovanni Giordini. Para un análisis de la representación de Colón en la épica renacentista, véase el ensayo crítico de Leicester Bradner, "Columbus in Sixteenth Century Poetry".

[13] Las polémicas sobre la autoría y la pérdida de la copia autógrafa de la conocida *Vida del Almirante* por su hijo las resume Ramón Iglesia en la introducción a su edición.

[14] Fernando, quien había catalogado cuidadosamente los fondos de la biblioteca insistió en que se llamara "Fernandina", no Colombina, como se conoce actualmente (Fernando Colón 10). La biblioteca consistía de más de 15,300 documentos que él puso a la disposición de intelectuales de la época "para que los letrados y dados a virtud pudiesen aquí hallar remedio para sus dudas, y libros que por ventura con mucho trabajo no se pudieron hallar" (Tomás Marín 51).

[15] Las *Vidas* de Plutarco fueron traducidas y publicadas en Sevilla en 1491 por Alfonso de Palencia (Higuet 117).

[16] Los adjetivos "generoso y muy antiguo" hacen ecos de la frase "era de linaje noble e antiguo", expresión que Fernán Pérez de Guzmán utiliza en su libro *Generaciones y semblanzas* para referirse a Gómez de Sandoval. Véase el artículo de José Luis Romero en torno a los lugares comunes de la biografía del siglo XV español.

[17] La ascendencia humilde de Colón era muy inoportuna en momentos en que la familia reclamaba los privilegios y sus derechos en el Nuevo Mundo. Según Ramón Iglesia, este problema que le presentaba Giustiniani a la familia Colón, junto a la polémica *Historia general y natural* de Fernández de Oviedo, impulsaron a Fernando Colón a escribir la vida de su padre (Fernando Colón 12). Sobre las discusiones en torno a la identidad y el origen de la familia Colón, véase de Durlacher-Wolper, "The identity of Christopher Columbus".

[18] Esta verdadera nobleza que dominaba los discursos de la preceptiva renacentista se expone en los textos de Gutiérrez González y Diego Alaba y Viemont, véase Aquila.

[19] La "injusticia y agravio" de no llamar las tierras continentales Columba "o la tierra Santa o de Gracia, que él [Colón] mismo le puso" (II: 40) se reitera en la importante crónica barroca de Antonio de la Calancha.

[20] Ware y Linkugel, en un ensayo teórico fundamental, proponen una reconceptualización del género apologético: "Apologetic discourses constitute a distinct form of public address, a family of speeches with sufficient elements in common so as to warrant a legitimately generic status" (273).

[21] Leon Edel, biógrafo de Henry James, en una reflexión teórica sobre el discurso biográfico, señala que el biógrafo trata de preservar lo que puede de la grandeza o humildad de su sujeto y describir el peregrinaje desde la niñez a la madurez sin omitir los trabajos, los errores y las pasiones que llevaron a la gloria al sujeto biografiado (14). Sobre este tema, también, véase de Bakhtin, "Autor y personaje en la actividad estética" en *Estética de la creación verbal*.

[22] Beatriz Pastor ofrece un interesante análisis desde una perspectiva socio-histórica que explica los intereses políticos de Colón (*Discursos narrativos* 3-73).

[23] Sandra Ferdman explica que la descripción colombina de lo visto como "maravilla" funda la literatura de lo "maravilloso" en la América Latina. Este tópico es influencia de las lecturas de Colón de los viajes de Marco Polo y otros viajeros medievales. Ella señala: "What Columbus saw was 'other' to him and it was 'marvelous' in his descriptions to the Europeans. His readings oriented him to expect to see the marvelous, and disoriented him in his interpretations" (488).

[24] Hay varios estudios que tratan la dimensión intertextual del *Diario*, entre ellos el capítulo sobre Colón en *Los discursos narrativos de la conquista* de Pastor, *Reading Columbus* de Zamora, *La conquista de América* de Todorov y *The Imaginative Landscape of Christopher Columbus* de Flint.

CAPÍTULO IV

[1] Según Alain Milhou, la oposición "destrucción/restauración" está inspirada en tres modelos básicos: el modelo de la historia del pueblo judío, la historia de la salvación (inocencia, caída, castigo, redención) y la lucha escatológica representada en las profecías medievales. Véase *Colón y su mentalidad mesiánica*.

[2] En su último estudio, *Cosmos, Chaos and the World to Come*, Norman Cohn retoma este mismo tema y traza sus orígenes hacia el año 500 AC.

[3] Margarita Zamora anota que ya desde "el prólogo" del *Diario* del primer viaje de Colón, se subraya la dimensión mesiánica que dirige la empresa y que convierte las Capitulaciones de Santa Fe en un "subcontrato" perteneciente al compromiso divino, en el cual las partes contratantes estaban obligadas a Dios. En el documento-prólogo "la carta de 1492", con el uso de una metonimia, los viajes de descubrimiento se colocan al lado de la reconquista de Granada y la expulsión del pueblo judío para constituir la más importante misión cristiana (35).

[4] La profecía que señala al conquistador del Santo Sepulcro como un español, según Colón, es de Joaquín de Fiore. En esto Colón cae en un error, la profecía según Bernard McGinn, se origina muy temprano en el siglo XIV (Frontline, Apocapypse!).

[5] Para tener una visión más amplia de cómo Fiore parte de la tradición agustiniana al subrayar la perspectiva profética de las Escrituras, véanse los estudios de Marjorie Reeves y Bernard McGinn. Una de las fuentes más completas sobre el tema puede es la página web de la estación de televisión WGHB. En este espacio virtual se encuentra una bibliografía extensa y el guión del documental de Frontline, "Apocalypse!" que traza la evolución del pensamiento apocalíptico desde los orígenes pre-cristianos hasta nuestros días.

[6] Tomás Moro propuso que el *optimus status reipublicae* erradicaba la propiedad privada y todas las estructuras que la mantienen. Las Casas publicó "El memorial de remedios" en el mismo año que salió publicada la *Utopía* de Moro y la *Educación del príncipe cristiano* de Erasmo de Rótterdam. Véase Baptiste.

[7] Sobre el pensamiento utópico hispánico y la influencia de Tomás Moro, véase "The American Utopia of the Sixteenth Century" y *La utopía de Tomás Moro en la Nueva España* de Silvio Zavala; *Erasmo y España* de Marcel Bataillon; "Utopía y primitivismo en el pensamiento de Las Casas" de José Antonio Maravall; y "El imperio cristiano de Las Casas" de John L. Phelan.

[8] Sobre la influencia del pensamiento utópico de los humanistas italianos en los textos coloniales, véase de Stelio Cró "Classical Antiquity, America, and the Myth of the Noble Savage" y su monografía *Realidad y utopía en el descubrimiento y conquista de la América hispana.*

[9] Según Bataillon, la referencia a Moro se encuentra en uno de los memoriales tempranos de Las Casas en que propone una organización casi familiar de seis indígenas y un "padre de la familia", unidad que se comparaba a "la familia rústica" que proponía Moro (Bataillon, "The Clérigo Casas" 385).

[10] La huella Erasmo es notable en los argumentos pacifistas de Las Casas. Las Casas lo cita solamente en una ocasión, en la respuesta a Juan Ginés de Sepúlveda sobre las razones para hacer la guerra por los crímenes que cometen en contra de la ley natural. En el comentario del Salmo 28, Las Casas afirma que Erasmo sostiene firmemente la doctrina católica (*Obras completas* 357).

[11] Ángel Losada, quien ha explorado "la faceta americanista" de Guevara, arguye que él cumple con sus responsabilidades de cronista del emperador de una forma original al incorporar en "El villano del Danubio" una serie de consejos que manifiestan la influencia del pensamiento de Las Casas, Erasmo, Fox Morcillo y otros intelectuales que se oponen a la guerra contra los amerindios (Losada, "La huella americana del humanista" 812-813).

[12] Existe una extensa bibliografía sobre el tema del pensamiento utópico en la cultura intelectual renacentista. Dos estudios sobre este tema que me han guiado han sido el de Marina Leslie, *Renaissance Utopias and the Problem of History*; y el de Robert Elliot, *The Shape of Utopia: Studies of a Literary Genre.*

[13] El nominalismo fue una influencia importante en el pensamiento ético y ontológico de Francisco de Vitoria y Domingo de Soto. Ambos fueron estudiantes de John Maior en Paris y llevaron a Salamanca el aprecio por el individuo y el subjetivismo (Beuchot, *Bartolomé de las Casas* 15). Esta influencia nominalista se manifiesta claramente en la defensa amerindia.

[14] Si bien en los textos de Las Casas podemos ver hasta qué punto hay una suerte de invención, como O'Gorman sugiere en la *Invención de América*, en esta última década los hispanistas dedicados al periodo colonial han comenzado a indagar esta representación a la luz de los proyectos ideológicos donde el bagaje cultural del yo enunciador define la escritura sobre el Otro.

[15] Según Marina Leslie cada utopía ofreció un modelo de ciudadanía "generally declaring all other utopias mere dreams and fancies in the process" (3).

[16] Los textos antiguos, como los de Platón, Aristóteles (específicamente *De Caelo*), San Agustín y Séneca, además de proveer el lenguaje para describir la geografía y el paisaje del Nuevo Mundo, también ofrecieron evidencia de otras tierras que coincidían con los descubrimientos. Véanse los ensayos de Randles y Romm.

[17] Conviene destacar que Colón en la relación del tercer viaje y en el *Libro de las profecías* presenta una visión apocalíptica que bien representa el espíritu religioso y escatológico de la época.

[18] Las Casas se refiere a los alemanes despectivamente como "herejes paridos por aquella bestia de Lutero" (*Obras escogidas* 68). En la *Apología* menciona que Sepúlveda había enviado el *Democrates Secundus* al Concilio de Trento y que "algunos padres del Concilio no quisieron ocuparse de él" después de haber leído el texto totalmente (*Obras completas* 632).

[19] La composición de la *Apologética historia sumaria* se inició como digresión de la *Historia de las Indias* y tomó cuerpo independiente según O'Gorman entre 1555 y 1559 (Estudio preliminar xxi-xxvi). Las Casas hace referencia a la *Apologética* como texto separado ya en el primer libro de la *Historia*.

[20] Milhou, quien ha estudiado la etimología y el uso de los términos "destruición", "destruir" y "destruidor", subraya que dentro del contexto hispánico medieval es equivalente a "mortandades", antónimo de poblar. Las Casas, obviamente, acepta la connotación medieval que difiere del uso renacentista de destruir como antónimo de construir ("De la 'destruction' de l'Espagne" 908).

[21] Una sociedad civil estaba basada en el derecho a la propiedad y sus relaciones constituían la base para los intercambios entre los individuos (Pagden 81).

[22] En relación con el uso de la teoría de la *climata* por Las Casas, véase la discusión de Pagden (*The Fall of the Natural Man* 137-145).

[23] La teoría de la *climata* influyó grandemente a los cosmógrafos y geógrafos europeos de los siglos XVI y XVII. En *Methodus ad facilem cognitionem historiarum* (1556), Bodin representa a América solamente como una identidad geográfica sin cultura, colocándose al lado de los historiadores coloniales que justificaban la conquista, véase Tooley.

[24] La traducción es mía.

[25] Romm destaca la importancia de la polémica sobre el debate intelectual del conocimiento de los antiguos sobre el Nuevo Mundo y describe las opiniones de algunos de los cronistas coloniales más importantes.

[26] Avalle Arce ha discutido exhaustivamente la retórica de la dualidad conceptual que domina en la *Brevísima*. Él prueba que el uso de las hipérboles y los superlativos "son función del apriorismo ético de Las Casas, en el que los elementos de la realidad, ordenados previamente en dualidad, son empujados hacia el absoluto del bien o del mal" (46).

[27] Según Las Casas, "la dicha" conquista es el vocablo que designa "algunas particulares hazañas dellos [los conquistadores]", las cuales tienen que detenerse porque son "inicuas, tiránicas, y contra toda ley natural, divina e humana condenadas, detestadas y malditas" (*Brevísima* 72).

[28] Véase los estudios de Alain Milhou.

[29] El odio de la Europa protestante hacia el poder y la crueldad de España se manifestó en las elaboradas ediciones de la *Brevísima* que continuaban saliendo en la segunda mitad del XVI y el siglo XVII en Europa. Interesante es que Las Casas, como autor de este tratado, quedaba como "protestante honorario", desnudo de toda seña de ortodoxia católica (Bumas 108).

[30] Agustín Dávila Padilla hace una extensa revisión de los documentos de Las Casas para ofrecer la historia de la Orden dominicana. Los documentos lascasianos son también las fuentes primarias para innumerables historias como la de Antonio de Herrera y Jerónimo Román, quienes no identifican a Las Casas como autor de sus fuentes. Rolena Adorno le ha prestado atención al uso de la *Apologética historia sumaria* en el texto de Jerónimo Román, *República de los indios occidentales*; véase "Censorship and its Evasion".

[31] Tom Conley discute las imágenes de De Bry que ilustran la edición de la *Brevísima* publicada en Frankfurt en 1598. Según Conley, esta edición latina tiene que estudiarse en conjunto con los textos ilustrados *Grand* y *Petit voyages* para presentar una perspectiva de la conquista del Nuevo Mundo en servicio de la fe protestante y del afán imperial inglés de finales del siglo XVI (104-105).

[32] De esta *Larguísima relación* no hay ninguna edición y los manuscritos están perdidos. Sin embargo, de acuerdo a las referencias a este texto, la *Brevísima* es un resumen del documento presentado en las juntas de estado.

[33] Las Casas redactó el *Memorial de veinte remedios* con su habitual compañero, fray Rodrigo de Ladrada. Los remedios que presenta son los mismos que reitera en otros textos: la abolición de las encomiendas y la esclavitud, la colonización de las Indias por labradores, la abolición de la palabra "conquista" y la evangelización pacífica.

[34] Conviene anotar que Las Casas sostiene que la corte de Carlos V es la que le ruega que ponga la relación por escrito.

[35] Sobre el tema de la oralidad en los textos medievales y renacentistas el trabajo más influyente ha sido el de Paul Zumthor y, dentro de un contexto más general, el de Walter Ong.

[36] Walter Ong se refiere a este proceso de moldear la experiencia como "the formulaic constitution of thought". Véase *Orality and Literacy* 23-24.

[37] Paul Zumthor señala que él no quiere insistir en la oralidad para estudiar la transmisión o creación de la poesía medieval, pero estudiar la implicación de la oralidad en la percepción y en la lectura de los textos (67-92).

[38] Isacio Pérez Fernández ha publicado una cronología documentada de los viajes y actividades de Las Casas con todos sus pormenores.

[39] Esta comparación la ha estudiado Juan Durán Luzio. La carta que narra el episodio se encuentra en el Tomo VII de la *Colección de documentos relativos al descubrimiento*.

[40] Ian Hacking indica que durante el Renacimiento el testimonio y las autoridades eran los discursos primarios y únicos que podían servir como evidencia dentro de una situación legal (33-34).

[41] Con esta relación, fray Marcos se convierte en el responsable de impulsar las exploraciones al norte de la Nueva España durante el siglo XVI. Véase mi artículo, "Entre instrucciones, experiencia y mundos posibles en la *Relación del descubrimiento de las siete ciudades* de fray Marcos de Niza (1539)"

[42] Gabrielle Spiegel define este momento de inscripción como "the moment of choice, decision, and action that creates the social reality of the text, a reality

existing inside and outside the particular performance incorporated in the work, through the latter's inclusions, exclusions, distortions, and stresses" (84).

[43] Henry Wagner y Helen Rand Parish examinan la experiencia de Las Casas en Cumaná detalladamente en *The Life and Writings of Bartolomé de las Casas*. En cuanto a los eventos históricos en la fundación de la Vera Paz, el estudio más completo es *La Vera Paz* del conocido lascasista francés André Saint-Lu.

[44] Según el *Diccionario etimológico* de Corominas una de las acepciones de "vera" es orilla (602).

[45] Isacio Pérez Fernández apunta que Las Casas escribió el tratado probablemente entre 1522 y 1523 ó 1524 y 1527. También señala que Las Casas hace las revisiones finales entre 1538 y 1540 (*Inventario* 201). Remesal, en su *Historia de las Indias Occidentales*, se refiere al texto y apunta que Las Casas hizo varias copias de éste ya que él ha visto cuatro.

[46] Don Paul Abbot en *Rhetoric in the New World* estudia comparativamente las teorías de conversión o "pacífica persuasión" de Las Casas con el método de la retórica clásica (Abbot 66).

[47] La región of Tuzulutlán, donde Las Casas estableció "La Vera Paz", se encuentra en Guatemala en lo que se conoce actualmente como la Baja Verapaz y la Alta Verapaz, entre las cadenas de montañas de Chucuas y Las Minas. Para una descripción de la región, véase Benno Biermann 460-462.

CAPÍTULO V

[1] George Marcus y Michael Fischer señalan que la antropología interpretativa aspira a recuperar el punto de vista del Otro y tratar cómo las construcciones de la realidad influyen la acción social. Según ellos, ésta opera de dos maneras: "it provides accounts of the other worlds from the inside, and reflects about the epistemological groundings of such accounts (25-6).

[2] Hay varios estudios que tratan el discurso "primitivista" en las crónicas de Indias. Véase de Giuliano Gliozzi, *Adamo e il nuovo mondo*; de Antonio Antelo, "El mito de la Edad de Oro en las letras hispanoamericanas del siglo XVI"; de Armand Arriaza, "Adam's Noble Children"; y de Harry Levin, *The Myth of the Golden Age in the Renaissance*.

[3] Según Pagden, las llamadas juntas eran debates públicos donde intervenían los académicos de estas tres ramas del saber (teología, derecho canónico y derecho civil) ante los gobernantes. En estas reuniones, de poca improvisación, los ponentes le proveían al Rey y a los concejos reales un "parecer" o "dictamen" (*The Fall of the Natural Man* 27).

[4] Los humanistas y cancilleres florentinos discutieron ampliamente la cuestión de lo que constituía el *optimus status reipublicae* (capítulo IV) y, conjuntamente, el tema de lo que constituía la verdadera nobleza. Erasmo, en la *Educación del príncipe cristiano*, trata este tema tan significativo y comparte la opinión humanista de que el individuo no nace noble. Véase Skinner 135-138.

[5] El *Democrates secundus* es mejor conocido como *De las justas causas de la guerra contra los indios*. Este diálogo se publicó en 1862 cuando Marcelino Menéndez y Pelayo gestionó su publicación en el *Boletín de la Real Academia de la Historia*. Ángel Losada ha publicado una edición moderna mucho más completa y cuidadosa. Las Casas fue responsable que este texto se condenara, no titubea en señalar: "Con su increíble ansia de publicar la obra impía que había escrito sobre esta materia, Sepúlveda la presentó al Supremo Consejo de Indias, donde después de haberse cerciorado de la impiedad de esta obra y de su muy mortífero veneno, los prudentísimos consejeros la rechazaron y se opusieron a su impresión" (*Apología* 631). Sobre la opinión en las Universidades de Alcalá y Salamanca, Las Casas subraya: "las cuales, tras muchas discusiones de una y otra parte y haber realizado una seria deliberación, respondieron finalmente que la obra no era digna de ser llevada a la imprenta" (631).

[6] Según Bhabha: "[colonial discourse] inscribes a form of governmentality that is informed by a productive splitting in its constitution of knowledge and exercise of power. Some of its practices recognize the differences of race, culture, history as elaborated by stereotypical knowledges, racial theories, administrative colonial experience, and on that basis institutionalize a range of political and cultural ideologies that are prejudicial, discriminatory, vestigial, archaic, 'mythical' and, crucially, are recognized as being so" ("The Other Question" 171).

[7] Para una discusión de los problemas críticos en el discurso historiográfico de Fernández de Oviedo, véanse los estudios de Álvaro Félix Bolaños, Stephanie Merrim y Kathleen Myers.

[8] Sobre la rencilla entre Fernández de Oviedo y Las Casas, véase el estudio de Bolaños, "Panegírico y libelo".

[9] Patricia Seed ofrece una síntesis del contexto histórico que condujo a la redacción e implementación del *Requerimiento*. Señala que éste es resultado de los conflictos que surgieron a raíz del sermón de Montesinos y los severos ataques de los dominicos en La Española, no obstante, sus raíces radican en la reconquista de España (72-73).

[10] En la *Historia de las Indias* también se incorporan las leyes firmadas en Burgos que resultaron fundamentales en la confirmación legal de la encomienda que colocaba a los indígenas bajo la tutela y el dominio de un encomendero para que allí fueran "tractados, industriados y mirados" (II: 477).

[11] Pagden arguye que el hecho de que Maior haya sido el primero en utilizar a Aristóteles como fuente, coloca todo el debate en un contexto intelectual identificable. Explica que "Mair's college, the College de Montagu at Paris, had since its reform in the late fifteenth century by Erasmus former master Jean Standock, been the center of a cautious "humanizing", if not exactly humanistic, approach to theological and philosophical learning" (*The Fall of Natural Man* 40).

[12] Para un estudio de la influencia del pensamiento político de Vitoria y los intelectuales salmantinos, véase de Bernice Hamilton, *Political Thought in 16th Century Spain*.

[13] Hay una bibliografía inmensa sobre los pormenores del debate y las implicaciones políticas, no obstante, recomiendo los estudios de Anthony Pagden, *The*

Fall of the Natural Man; el prólogo de la *Apología* de Las Casas por Ángel Losada y el ensayo "Aristóteles y los indios americanos" de Lewis Hanke.
[14] Algunos estudios fundamentales sobre la práctica etnográfica en el siglo XVI son los de John H. Rowe, Margaret Hodgen y Peter Mason.
[15] En España, los textos griegos circularon ampliamente, particularmente en Sevilla, centro comercial para el mercado libresco. Uno de los ensayos más detallados sobre la práctica de la traducción en los siglos XVI y XVII es "Traductores y traducciones" de Miguel Rodríguez-Pantoja.
[16] Los debates de la racionalidad y el relativismo en la representación de otras culturas ha permeado el campo de la antropología a las últimas décadas y ha contribuido enormemente en los estudios literarios y culturales. Específicamente, los estudios de James Clifford, George Marcus, Michael Fischer y Clifford Geertz han colocado la antropología en el ámbito de lo reflexivo para cuestionar las bases morales y políticas y los métodos de representación de otras culturas.
[17] Fernando Cervantes discute la influencia nominalista en el pensamiento neotomista del siglo XVI en relación a las representaciones de lo diabólico en el Nuevo Mundo (23-25).
[18] Véase el capítulo IV de este estudio.
[19] Para una discusión de la reacción de los humanistas sobre la guerra contra el imperio Otomán, véase de Michael Heath, *Crusading Commonplaces*.
[20] Claro que una discusión de Erasmo, sin tratar su relación con Vives, Guevara y la escuela de Salamanca es incompleta. Sin embargo, este es el tema del estudio de J. A. Fernández Santamaría, *El estado, la guerra y la paz*.
[21] Noble David Cook en *Born to Die* toma literalmente los datos y los testimonios de Las Casas para explicar la desaparición y genocidio de un ochenta o noventa porciento de la población taína: "Las Casas wrote that 20 million Indians died in the encounter; the actual number may be close to Las Casas estimate" (Cook 5).
[22] El énfasis es mío.
[23] Para una discusión de los orígenes del anticristo, véase Norman Cohn, *The Pursuit of the Millennium* 33-36.

CAPÍTULO VI

[1] La sugerencia de otra junta de estado para discutir la situación de las Indias saca a la luz los momentos culminantes de su carrera como protector de los pueblos indígenas y el debate sobre la justicia de las guerras en 1550-1551.
[2] Rolena Adorno apunta que el uso del testimonio presencial de Las Casas, particularmente en la *Apologética historia sumaria*, evidencia el prestigio que adquirió esta modalidad discursiva para legitimar la escritura ("The Discursive Encounter" 220).
[3] Es en el año 1552 que Las Casas se concentra en la publicación y diseminación de sus polémicos tratados sevillanos y retoma la *Historia de las Indias*. Escribe el prólogo de la *Historia* con claras referencias al momento de enunciación y a

los años que han pasado: "quise ponerme a escribir, de las cosas más principales, algunas que en espacio de sesenta y más años por mis ojos pondría he visto hacer" (I: 19). En el primer libro, asimismo, hace referencias a la historia portuguesa de João de Barros publicada precisamente en 1552.

[4] Véase los estudios biográficos más completos de Las Casas: Manuel Giménez Fernández, "Fray Bartolomé de las Casas: A Biographical Sketch"; Henry Wagner y Helen Rand-Parish, *The Life and Writings of Bartolomé de las Casas*; y de Isacio Pérez Fernández, *Cronología documentada de los viajes, estancias y actuaciones de Fray Bartolomé de las Casas*.

[5] Además de Bataillon ("Comentarios a un famoso parecer sobre Las Casas" en *Etudes sur Bartolomé de las Casas*), Brading discute cómo las perspectivas antiindigenistas de Felipe II y del visitador Juan de Valderrama afectaron las actividades misioneras en México y en el Perú. Hanke ha discutido este problema con relación a la críticas de Las Casas en el Perú durante el virreinato de Francisco de Toledo entre 1569 y1581, véase *The Spanish Struggle* 162-172.

[6] Hanke y Giménez Fernández recogen en su bibliografía crítica de 1954 (*Bartolomé de las Casas 1474-1566*) referencias a cédulas reales, cartas y tratados de oficiales de la Corona que reaccionaron negativamente ante las gestiones anticolonialistas de Las Casas.

[7] Si bien es en el año 1559 que Las Casas firma el documento notarial en el cual hace donación del original autógrafo de la *Historia de las Indias* al Colegio de San Gregorio, él concluye el tercer libro con la referencia "y plega a Dios que hoy, que es el año que pasa de 61, el consejo esté libre della" (III: 410). La referencia final es sobre la ignorancia y ceguedad del consejo del Rey sobre "aquellos requerimientos".

[8] Rosalie Colie al analizar los sistemas de construcción genérica renacentista caracteriza este modo inclusionista como una forma de pensamiento que se puede comparar al discurso poético (19).

[9] Existe una extensa bibliografía sobre la escritura de vidas en el Renacimiento. De ésta destaco las colecciones de ensayos editadas por Mayer y Woolf, *The Rhetorics of Life-Writing in Early Modern Europe,* y con referencia a la cultura hispánica, véase de Nicholas Spadaccini y Jenaro Talens, eds., *Autobiography in Early Modern Spain.*

[10] Jack Goody en *The Logic of Writing and the Organization of Society* subraya que hay que considerar en el análisis crítico que las relaciones de exploración premodernas son respuestas a instrucciones de los gobernantes que pedían una descripción detallada de todo lo observado (88). Es importante considerar que esta suerte de "catálogo" sobre el Otro contribuyó al desarrollo de la etnografía moderna y también justificó los proyectos expansionistas.

[11] Lejeune, influido por las ideas de Roman Jacobson y de Emile Benveniste, propone que la autobiografía se define por el pacto entre el autor y el lector. Según él, el lector es responsable de establecer la relación (e identidad) entre el sujeto del enunciado y el sujeto del evento (33). Con esto Lejeune descarta la definición tradicional del discurso autobiográfico basado en la distinción de la persona narrativa.

[12] La traducción es mía.

[13] En 1516 Las Casas comienza sus constantes intervenciones en la corte. El primer documento polémico que lee ante la corte, "Memorial de denuncias de agravios," lo presenta en latín ante Adriano de Utrecht y en la lengua vernácula al cardinal Francisco Jiménez de Cisneros (Pérez Fernández, *Cronología* 236).

[14] Según Charles Cutter, fue importante el hecho de que el cardinal Cisneros nombrara para este cargo a un religioso (11). Él presenta un estudio de la historia de este cargo oficial en *The Protector de Indios in Colonial New Mexico*.

[15] En el estudio de las religiones amerindias Las Casas y Motolinía planteaban opiniones contradictorias. Motolinía, al igual que Fernández de Oviedo y otros de sus hermanos franciscanos, reflexionó sobre los ritos ceremoniales amerindios como una inspiración del demonio.

[16] Es interesante que Las Casas nunca aludió a la carta de Motolinía, la cual vino a ser difundida en el siglo XVIII (Pérez Fernández, *Fray Toribio Motolinía* 11).

[17] Pérez Fernández discute los pormenores de la elección de los obispos y las intervenciones de Las Casas en la corte durante ese mismo periodo (Pérez Fernández, *Fray Toribio Motolinía* 32-40).

[18] Las diferencias entre las dos Órdenes regulares, los franciscanos y los dominicos, se manifiestan temprano en el siglo XVI a raíz del sermón de Montesinos. Los franciscanos aceptaban el reparto de los indígenas, mientras que los dominicos lo denunciaban y decían que era un crimen "digno de censura eclesiástica" (Rozé 37).

[19] Entre los argumentos que Motolinía plantea para escribir su carta se encuentran desacreditar a Las Casas y evitar que cambien la política colonizadora hacia el Nuevo Mundo (Pérez Fernández, *Fray Toribio Motolinía* 111).

[20] Emile Benveniste nos demuestra cómo el uso de lo que él llama la "no-persona" o sea, la tercera persona, "trae consigo una indicación sobre alguien o algo, lo que no se refiere a una "persona específica" (164).

[21] Sobre este tema, véase la discusión de Henry Wagner y Helen Rand Parish 60-82.

[22] Como bien ha subrayado Antonio Benítez Rojo, la historia de la trata africana que se inserta en el tercer libro de la *Historia* ha sido fundamental como discurso fundacional de lo caribeño "ya que son estas instituciones las que mejor definen al Caribe" (286-287).

[23] La autobiografía espiritual que se encuentran en los diarios, memorias y relaciones de los primeros años de penetración europea todavía necesita atención crítica, particularmente desde una perspectiva comparativa con la experiencia cuáquera y puritana de las colonias inglesas.

[24] No puedo dejar de aludir a los textos canónicos de la tradición picaresca (*La vida de Lazarillo de Tormes, El buscón* y *La pícara Justina*, entre muchos otros) que manifiestan en primera persona las "precondiciones autobiográficas" para relatar, a manera confesional, los avatares y conversiones que definieron sus vidas.

[25] Aunque en mi trabajo no me dedico al importante tratado *De Thesauris*, hay que señalar que este texto es fundamental en el estudio de la restitución que pide

Las Casas. En éste Las Casas reafirma la necesidad de restitución de los bienes de los indígenas que los encomenderos del Cuzco y Cajamarca han apropiado ilegalmente.

[26] Esta petición se la envía al Papa junto con una copia de su tratado *De unico vocationis modo*: "Qué cosas son necesarias para la justificada forma de promulgar el Evangelio y hacer lícita y justa la guerra contra los gentiles, en el libro que presenté a V. B. lo tengo bien declarado [. . .] (*Obras escogidas* 541).

[27] Manuel Murga discute este caso tan interesante en su trabajo sobre el cristianismo colonial en los Andes. Él subraya que hay una relación entre el mensaje de Las Casas y el sentido de culpabilidad que penetra en la conciencia de los colonizadores españoles. Además de Murga, la presión que ejerce Las Casas en la conciencia moral de los colonizadores y evangelizadores ha sido discutida por Guillermo Lohman Villena en "La restitución".

[28] Rolena Adorno, que ha estudiado la influencia de Las Casas en la *Primer nueva corónica y buen gobierno* de Felipe Guamán Poma de Ayala, demuestra cómo este historiador indígena retoma el argumento de la restitución para advertir que "es una acción imprescindible en el sincero arrepentimiento de los pecados pasados" ("El arte de la persuasión" 186).

[29] No hay necesidad de recordar que Corneille De Pauw, presentó una de las imágenes más ofensivas de las culturas del continente americano basándose en la influencia del medioambiente sobre los humanos, véase Brading 428-32. Francisco Javier Clavijero es uno de los primeros defensores de Las Casas ante las acusaciones del historiador holandés (508-16).

[30] El estudio de Isacio Pérez Fernández distingue el año de 1547 como la fecha en que Las Casas afirma una clara defensa de los esclavos provenientes del África (*Fray Bartolomé de las Casas* 126).

BIBLIOGRAFÍA

Abbot, Don Paul. "La retórica y el Renacimiento: una perspectiva de la teoría española". Murphy 121-132.

_____. *Rhetoric in the New World: Rhetorical Theory and Practice in Colonial Spanish America*. Columbia: University of South Carolina Press, 1996.

Adorno, Rolena. "Censorship and its Evasion: Jerónimo Román and Bartolomé de las Casas". *Hispania* 75.4 (1992): 812-27.

_____. "El arte de la persuasión: el Padre Las Casas y Fray Luis de Granada en la obra de Waman Poma de Ayala". *Escritura, teoría y crítica literarias* 4.8 (1979): 167-189.

_____. *Guaman Poma: Writing and Resistance in Colonial Peru*. Austin: University of Texas Press, 1987.

_____. "The Discursive Encounter of Spain and America: The Authority of the Eyewitness Testimony in the Writing of History". *William and Mary Quaterly* 49.2 (1992): 210-228.

_____. *The Intellectual Life of Bartolomé de las Casas*. New Orleans: Graduate School, Tulane University, 1992.

Amritjit, Singh y Peter Schmidt. "On the Borders Between U.S. Studies and Postcolonial Theory". *Postcolonial Theory and the United States*. Eds. Singh Amritjit y Peter Schmidt. Jackson: University Press of Mississippi, 2000. 3-69.

Antelo, Antonio. "El mito de la edad de oro en las letras hispanoamericanas del siglo XVI". *Thesaurus* 30 (1975): 81-112.

Aquila, August J. "The Conquistadors and the 16th Century Spanish Concept of the Ideal Soldier". *From Dante to García Márquez*. Ed. Gene H. Bell Villada. Williamstown: Williams College Press, 1987. 23-34.

Arias, Santa. "Empowerment Through the Writing of History: Bartolomé de las Casas' Representation of the Other(s)". *Early Images of the Americas: Transfer and Invention*. Eds. Jerry Williams y Robert Lewis. Tucson: University of Arizona Press, 1993.

_____. "Autoescritura y ejemplaridad en la escritura de la historia de Bartolomé de las Casas". *Texto crítico* 21 (1992): 5-20.

_____. "Entre instrucciones, experiencia y mundos posibles en la *Relación del descubrimiento de las siete ciudades* de fray Marcos de Niza (1539)". *Cuadernos americanos* 55.1 (1996): 204-216.

Arriaza, Armand. "Adam's Noble Children: An Early Modern Theorist's Concept of Human Nobility". *Journal of the History of Ideas* 55.3 (1994): 385-404.

Aristóteles. *Política*. Eds. y trads. Carlos García Gual y Aurelio Pérez Jiménez. Madrid: Alianza, 1986.

_____. *Retórica*. Ed. Antonio Tovar. Madrid: Instituto de Estudios Políticos, 1953.

_____. *Aristotle and the Art of Fiction: The Poetics*. Trad. L. J. Potts. Cambridge: Cambridge University Press, 1968.

Arranz Márquez, Luis Antonio. "Fray Bartolomé de las Casas y la familia Colón". Morales Padrón 227-237.

Avalle Arce, Juan Bautista. "Las hipérboles del Padre Las Casas". *Revista de la Facultad de Humanidades de la Universidad Autónoma de San Luis de Potosí* 1 (1960): 33-55.

Bakhtin, Mikhail. *Estética de la creación verbal*. México, D.F.: Siglo XXI, 1982.

Balandier, Georges. *Sociologie Actuaelle de l'Afrique Noire*. Paris: Presses Universitaires de France, 1963.

Baptiste, Víctor N. *Bartolomé de las Casas and Thomas More's Utopia: Connections and Similarities*. Culver City, CA: Labyrinthos, 1990.

Baron, Hans. *The Crisis of the Early Italian Renaissance*. Princeton: Princeton University Press, 1966.

Bataillon, Marcel. "The Clérigo Casas, Colonist and Colonial Reformer". Friede y Keen 353-440.

_____. *Erasmo y España*. 2ᵈᵃ ed. México, D.F.: Fondo de Cultura Económica, 1982.

_____. *Etudes sur Bartolomé de las Casas*. Paris: Centre de Recherches Hispaniques, 1965.

Benítez Rojo, Antonio. "Bartolomé de las Casas: Entre el infierno y la ficción". *Modern Languages Notes* 103.2 (1988): 257-288.

Benito Ruano, Eloy. "La historiografía en la Alta Edad Media española". *Cuadernos de historia de España* 17 (1952): 50-104.

Benveniste, Emile. *Problemas de lingüística general*. 2 vols. México, D.F.: Siglo XXI, 1987.

Beuchot, Mauricio. *Bartolomé de las Casas, 1484-1566*. Madrid: Orto, 1995.

_____. *Los fundamentos de los derechos humanos de Bartolomé de las Casas*. Madrid: Anthropos, 1994.

Belsey, Catherine. "Constructing the Subject: Deconstructing the Text". *Feminist Criticism and Social Change*. Ed. J. Newton y D. Rosenfetl. Nueva York: Methuen, 1985. 45-64.

Bhabha, Homi K. *The Location of Culture*. Londres: Routledge, 1994.

_____. "The Other Question: Difference, Discrimination, and the Discourse of Colonialism". *Literature, Politics and Theory*. Ed. Francis Baker, et al. Londres: Methuen, 1986. 148-172.

Biermann, Benno M. "Bartolomé de las Casas and Verapaz". Friede y Keen 443-84.

Binotti, Lucia. "Cultural Identity and the Ideologies of Translation in Sixteenth-Century Europe: Italian Prologues to the Spanish Chronicles of the New World". *History of Journal of European Ideas* 14.6 (1992): 769-788.

Black, Robert. "The New Laws of History," *Renaissance Studies* 1 (1987): 126-156.

Bloom, Harold. *The Anxiety of Influence: A Theory of Poetry*. Oxford: Oxford University Press, 1972.

Boehmer, Elke. *Colonial and Postcolonial Literature*. Oxford: Oxford University Press, 1995.

Bolaños, Alvaro Félix. "La crónica de Indias de Fernández de Oviedo: ¿Historia de lo general y natural, u obra didáctica?". *Revista de estudios hispanicos* 25.3 (1991): 15-33.

_____. "Panegírico y libelo del primer cronista de Indias Gonzalo Fernández de Oviedo". *Thesaurus* 45.3 (1990): 577-649.

Bolívar, Simón. *Obras completas*. Madrid: Maveco, 1984.

Bourdieu, Pierre. *Language and Symbolic Power*. Cambridge: Harvard University Press, 1991.

_____ y Terry Eagleton. "Doxa and Common Life". *Mapping Ideology*. Ed. Slavoj Žižek. Londres: Verso, 1999. 265-277.

Brading, David A. *The First America: The Spanish Monarchy, Creole Patriots and the Liberal State 1492-1867*. Cambridge: Cambridge University Press, 1991.

Bradner, Leicester. "Columbus in Sixteenth Century Poetry". *Essays Honoring Lawrence C. Wroth*. Eds. Frederick Goff et al. Portland, ME: Anthoesen, 1951. 15-30.

Breisach, Ernst. *Historiography: Ancient, Modern and Medieval*. Chicago: University of Chicago Press, 1983.

Bumas, E. Shaskan. "The Cannibal Butcher Shop: Protestant Uses of Las Casas's *Brevísima relación* in Europe and the American Colonies". *Early American Literature* 35.2 (2000): 107-36.

Cabrera de Córdoba, Luis. *De historia, para entenderla y escribirla*. Ed. Santiago Montero Díaz. Madrid: Instituto de Estudios Políticos, 1948.

Campbell, Mary B. *The Witness and the Other World: Exotic European Travel Writing, 400-1600*. Ithaca: Cornell University Press, 1988.

Carro, Venancio Diego. "Los postulados teológico-juristas de Bartolomé de las Casas". *Estudios lascasianos: IV centenario de la muerte de Fray Bartolomé de las Casas*. Sevilla: Universidad de Sevilla, 1966. 109-245.

Carruthers, Mary. "Reading with Attitude, Remembering the Book". *The Book and the Body*. Ed. Dolores Warwick Frese y Catherine O'Brien O'Keefe. Notre Dame: University of Notre Dame Press, 1997.

_____. *The Book of Memory*. Cambridge: Cambridge University Press, 1998.

Casas, Bartolomé de las. *Apologética Historia Sumaria*. México, D.F.: UNAM, 1967.

_____. "Asiento y capitulación con don Alonso Maldonado" *Colección de documentos inéditos relativos al descubrimiento, conquista y organización de las antiguas posesiones españolas en América y Oceanía*. Eds. Joaquín F. Pacheco, et al. Vol.7. Madrid: Real Academia de la Historia 1864-1884. 149-156.

_____. *Brevísima relación de la destrucción de las Indias*. Ed. André Saint-Lu. Madrid: Cátedra, 1984.

_____. *Del único modo de atraer a todos los pueblos a la verdadera religión*. Ed. Agustín Millares Carlo. Introducción de Lewis Hanke. 2da ed. México, D.F.: Fondo de Cultura Económica, 1975.

_____. *Historia de las Indias*. Ed. Agustín Millares Carlo y Lewis Hanke. México, D.F.: Fondo de Cultura Económica, 1986.

_____. *Historia de las Indias*. Madrid: Miguel Ginesta, 1875.

_____. *Obras completas/Fray Bartolomé de las Casas*. Ed. Ángel Losada. Madrid: Alianza, 1988.

_____. *Obras escogidas de Fray Bartolomé de las Casas: opúsculos, cartas y memoriales*. Ed. Juan Pérez de Tudela Bueso. Biblioteca de autores españoles 110. Madrid: Atlas, 1957-58.

Castro, Américo. *Cervantes y los casticismos españoles*. Madrid: Alfaguara, 1966.

Cave, Terence. *The Cornucopian Text: Problems of Writing in the French Renaissance*. Oxford: Oxford University Press, 1979.

Certeau, Michel de. *La escritura de la historia*. México, D.F.: Universidad Iberoamericana, 1985.

Cervantes, Fernando. *The Devil in the New World*. New Haven: Yale University Press, 1994.

Chandler, James et al, eds. *Questions of Evidence: Proof, Practice and Persuasion across the Disciplines*. Chicago: University of Chicago Press, 1994.

Chartier, Roger. *On the Edge of the Cliff: History, Language and Practices*. Baltimore: Johns Hopkins University Press, 1997.

Cicerón, Marco Tulio. *Diálogos del orador*. Trad. Marcelino Menéndez y Pelayo. Argentina: Los libros del mirasol, 1967.

Cioranescu, Alejandro. "La *Historia de las Indias* y la prohibición de editarla". *Estudios lascasianos: IV centenario de la muerte de Fray Bartolomé de las Casas*. Sevilla: Universidad de Sevilla, 1966. 363-375.

Clavijero, Francisco Javier. *Historia antigua de México*. México, D.F.: Porrúa, 1987.

Clifford, James. "On Ethnographic Allegory". Clifford y Marcus 98-121.

_____. *The Predicament of a Culture: Twentieth-Century Ethnography, Literature and Art*. Cambridge: Harvard University Press, 1988.

_____ y George E. Marcus, eds. *Writing Culture: The Poetics and Politics of Ethnography*. Berkeley: University of California Press, 1986.

Cochrane, Eric. *Historians and Historiography in the Italian Renaissance*. Chicago: University of Chicago Press, 1981.

_____. "The Transition from Renaissance to Baroque: The Case of Historiography". *History and Theory* 19 (1980): 21-38.

Cohn, Norman. *The Pursuit of the Millennium*. Oxford: Oxford University Press, 1970.

_____. *Cosmos, Chaos and the World to Come: The Ancient Roots of Apocalyptic Faith*. New Haven: Yale University Press, 1993.

Colie, Rosalie. *The Resources of Kind: Genre Theory in the Renaissance*. Berkeley: University of California Press, 1973.

Collingwood, Robin George. *Idea de la historia*. México, D.F.: Fondo de Cultura Económica, 1987.

Colón, Cristóbal. *Derechos de descubrimiento: apelación final de Cristóbal Colón al rey Fernando*. Introd. Helen Nader. Cali, Colombia: Carvajal; Providence, Rhode Island: John Carter Brown Library, 1992.

Colón, Fernando. *Vida del Almirante Don Cristóbal Colón, escrita por su hijo don Hernando*. Ed. Ramón Iglesias. México, D.F.: Fondo de Cultura Económica, 1984.

Conley, Tom. "De Bry's Las Casas." *Amerindian Images and the Legacy of Columbus*. Eds. René Jara y Nicholas Spadaccini. Hispanic Issues 9. Minneapolis: University of Minnesota Press. 103-131.

Cook, Noble David. *Born to Die*. Cambridge: Cambridge University Press, 1998.

Corominas, Joan. *Diccionario etimológico de la lengua castellana*. 3ra. edición. Madrid: Gredos, 1987.

Cró, Stelio. *Realidad y utopía en el descubrimiento y conquista de la América hispana*. Troy, MI: International Book Publishers, 1983.

_____. "Classical Antiquity, America, and the Myth of the Noble Savage". Haase y Meyer 379-418.

Cutter, Charles R. *The Protector de Indios in Colonial New Mexico, 1659-1821*. Albuquerque: University of New Mexico Press, 1986.

Curtius, Ernst Robert. *Literatura europea y Edad Media latina*. México, D.F.: Fondo de Cultura Económica, 1955.

Daston, Lorraine. "Marvelous Facts and Miraculous Evidence in Early Modern Europe". Chandler 243-274.

De Man, Paul. "Autobiography as De-Facement". *Modern Language Notes* 94.5 (1979): 919-930.

_____. *Blindness and Insight: Essays in the Rhetoric of Contemporary Criticism*. Theory and History 7. Minneapolis: University of Minnesota Press, 1983.

Di Camillo, Ottavio. *El humanismo castellano del siglo XV*. Valencia: Fernando Torres, 1976.

Dreyfuss, Hubert L. *Michel Foucault: Beyond Structuralism and Hermeneutics*. Chicago: University of Chicago Press, 1983.

Dunn, Kevin. *Pretexts of Authority: The Rhetoric of Authorship in the Renaissance Preface.* Stanford: Stanford University Press, 1994.

Durán Luzio, Juan. *Bartolomé de las Casas ante la conquista de América: Las voces del historiador.* Heredia, Costa Rica: EUNA, 1992.

Durchaler-Wolper, Ruth G. "The Identity of Christopher Columbus". *Columbus and his World.* Ed. Donald T. Gerace. San Salvador, Bahamas: The College Center at the Finger Lakes, 1987. 13-24.

Dussel, Enrique D. *A History of the Church in Spanish America.* Trad. A. Needly. Grand Rapids: Erdmans, 1984.

_____. "Nucleo simbólico lascasiano como profética crítica al imperialismo europeo". *Bartolomé de las Casas (1474-1974) e historia de la iglesia en América Latina.* Ed. Enrique D. Dussel. Barcelona: Cehila/Nova Terra, 1976.

Eco, Humberto. *The Aesthetics of Thomas Aquinas.* Trad. Hugh Bredin. Cambridge: Harvard University Press, 1988.

Edel, Leon. *Writing Lives.* Nueva York: W.W. Norton, 1984.

Eliade, Mircea. *Cosmos and History.* Nueva York: Harper & Row, 1958.

_____. "Paradise and Utopia: Mythical Geography and Eschatology". *Utopias and Utopian Thought.* Ed. Frank E. Manuel. Boston: Houghton Mifflin, 1966. 260-280.

Elliot, John H. "The Problem of Assimilation". *The Old World and the New 1492-1650.* Cambridge: Cambridge University Press, 1970. 28-53.

_____. *Spain and its World 1500-1700.* New Haven: Yale University Press, 1989.

Elliot, Robert. *The Shape of Utopia: Studies of a Literary Genre.* Chicago: University of Chicago Press, 1970.

Engler, Mark. "Towards the 'Rights of the Poor': Human Rights in Liberation Theology". *Journal of Religious Ethics* 28.3 (2001): 339-65.

Epstein, William H. Introduction. *Contesting the Subject: Essays in the Postmodern Theory and Practice of Biography and Biographical Criticism.* Ed. William H. Epstein. West Lafayette: Purdue University Press, 1991. 1-7.

_____. *Recognizing Biography.* Filadelfia: University of Pennsylvania Press, 1987.

Esteve Barba, Francisco. *Historiografía indiana.* Madrid: Gredos, 1964.

Fabié, Antonio María. *Vida y escritos de Fray Bartolomé de las Casas, Obispo de Chiapas.* 2 vols. Madrid: Miguel Ginesta, 1872.

Fabian, Johannes. *Time and the Other: How Anthropology Makes its Object.* Nueva York: Columbia University Press, 1983.

Ferdman, Sandra H. "Conquering Marvels: The Marvelous Other in the Texts of Christopher Columbus". *Hispanic Review* 62 (1994): 487-496.

Fernández de Oviedo, Gonzalo. *Historia general y natural de las Indias.* Biblioteca de Autores Españoles. Madrid: Atlas, 1959.

Fernández Santamaría, J. A. *El estado, la guerra y la paz: El pensamiento político español en el Renacimiento* (1516-1559). Trad. Juan Faci Lacasta. Madrid: Akal Universitaria, 1988.

Flint, Valerie I. J. *The Imaginative Landscape of Christopher Columbus*. Princeton: Princeton University Press, 1994.

Foucault, Michel. *Language, Counter-memory, Practice: Selected Essays and Interviews/Michel Foucault*. Ed. Donald F. Bouchard. Ithaca: Cornell University Press, 1977.

Frankl, Victor. *El Antijovio de Gonzalo Jiménez Quesada y las concepciones de realidad y verdad en la epoca de la contrarreforma y el manierismo*. Madrid: Cultura Hispánica, 1963.

French, Roger y Andrew Cunningham. *Before Science: The Invention of the Friars' Natural Philosophy*. Brookfield, VT: Scolars Press, 1996.

Friede, Juan y Benjamin Keen. *Bartolomé de las Casas in History: Toward and Understanding of the Man and his Work*. Dekalb: Northern Illinois University Press, 1971.

Frontline: Apocalypse! 25 de junio de 2001. <http://www.pbs.org/wgbh/pages/frontline/shows/apocalypse/>

Fryde, Edmund B. *Humanism and Renaissance Historiography*. Londres: The Hambledon Press, 1983.

García Cantú, Gastón. *Utopías mexicanas*. 2da edición. México, D.F.: Fondo de Cultura Económica, 1986.

García Cárcel, Ricardo. *La leyenda negra: Historia y opinión*. Madrid: Alianza, 1992.

Garín, Eugenio. *Italian Humanism*. Oxford: Basil Blackwell, 1965.

Garraty, John A. "Biography in the Ancient World". *Biography Past and Present: Selections and Critical Essays*. Eds. William H. Davenport y Ben Siegel. Nueva York: Charles Scribners Sons, 1965.

Geertz, Clifford. "Ideology as a Cultural System". *The Interpretation of Cultures*. Nueva York: Basic Books, 1973.

Gelley, Alexander. "The Pragmatics of Exemplary Narrative". *Unruly Examples: On the Rhetoric of Exemplarity*. Ed. Alexander Galley. Stanford University Press, 1995. 142-161.

Gilbert, Felix. *Machiavelli and Guicciardini: Politics and History in Sixteenth Century Florence*. Princeton: Princeton University Press, 1965.

Giménez Fernández, Manuel. *Bartolomé de las Casas*. Escuela de Estudios Hispano-Americanos 70. Sevilla: Universidad de Sevilla, 1953.

_____. "Fray Bartolomé de las Casas: A Biographical Sketch". Friede y Keen 67-125.

Gliozzi, Giuliano. *Adamo e il nuovo mondo: La nascità dell' antropologia come ideologia coloniale*. Florence: La nuova Italia, 1976.

González Echevarría, Roberto. "Humanismo y retórica en las crónicas de la conquista". *Isla a su vuelo fugitiva: ensayos críticos sobre literatura hispanoamericana*. Madrid: Porrúa, 1983. 23-40.

_____. *Myth and Archive: A Theory of Latin American Narrative.* Cambridge: Cambridge University Press, 1990.

González Sánchez, Carlos Alberto. *Los mundos del libro: Medios de difusión de la cultura occidental en las Indias de los siglos XVI y XVII.* Sevilla: Universidad de Sevilla, 1999.

Goody, Jack. *The Logic of Writing and the Organization of Society.* Cambridge: Cambridge University Press, 1986.

Grafton, Anthony. *New Worlds, Ancient Texts: The Power of Tradition and the Shock of Discovery.* Cambridge: The Belknap Press of Harvard University Press, 1992.

Gray, Hannah. "Renaissance Humanism: the Pursuit of Eloquence". *Renaissance Essays from the Journal of the History of Ideas.* Eds. Paul O. Kristeller y Phillip Weiner. Nueva York: Harper and Row, 1968. 199-216.

Greenblatt, Stephen. *Learning to Curse: Essays in Early Modern Culture.* Londres: Routledge, 1990.

_____. *Marvelous Possessions: The Wonder of the New World.* Chicago: University of Chicago Press, 1991.

_____. *Renaissance Self-Fashioning: From More to Shakespeare.* Chicago: University of Chicago Press, 1980.

_____. "Towards a Poetics of Culture". Veeser 1-14.

Gusdorf, Georges. "Condiciones y límites de la autobiografía". *Suplementos Anthropos* 29 (1991): 9-17.

Gutiérrez, Gustavo. *A Theology of Liberation: History, Politics and Salvation.* Trad. Caridad Inda y John Eagleson. Maryknoll, NY: Orbis, 1971.

_____. *En busca de los pobres de Cristo: El pensamiento de Bartolomé de las Casas.* Salamanca: Ediciones Sígueme, 1993.

Haase, Wolfgang y Meyer Reinhold. *The Classical Tradition and the Americas.* Berlin: Walter de Gruyter, 1994.

Hacking, Ian. *The Emergence of Probability: A Philosophical Study of Early Ideas about Probability, Induction and Statistical Reference.* Cambridge: Cambridge University Press, 1975.

Hamilton Bernice. *Political Thought in 16th Century Spain: A Study of the Ideas of Vitoria, De Soto, Suárez and Molina.* Oxford: Clarendon Press, 1963.

Hampton, Timothy. "Turkish Dogs: Rabelais, Erasmus and the Rhetoric of Alterity". *Representations* 41 (1993): 58-81.

_____. *Writing from History: The Rhetoric of Exemplarity in Renaissance Literature.* Ithaca: Cornell University Press, 1990.

Hanke, Lewis. "Aristóteles y los indios americanos". Trad. Juan Carlos Pellegrini. *Revista de la Universidad de Buenos Aires* 5.2 (1958): 169-205.

_____. "Bartolomé de las Casas: el antropólogo". Hanke, *Estudios sobre Bartolomé de las Casas* 207-230.

_____. "Bartolomé de las Casas, historiador". Estudio preliminar en la *Historia de las Indias.* Bartolomé de las Casas. México, D.F.: Fondo de Cultura Económica, 1986. ix-lxxxviii.

_____. *Estudios sobre Bartolomé de las Casas y sobre la lucha por la justicia en la conquista española en América.* Caracas: Universidad Central de Venezuela, 1968.

_____. "La fama de Bartolomé de las Casas". *Estudios lascasianos: IV centenario de la muerte de Fray Bartolomé de las Casas.* Sevilla: Universidad de Sevilla, 1966. 1-19.

_____. *La humanidad es una.* México, D.F.: Fondo de Cultura Económica, 1985.

_____. *The Spanish Struggle for Justice in the Conquest of America.* Boston: Little, Brown and Co., 1965.

_____ y Manuel Giménez Fernández. *Bartolomé de las Casas 1474-1566. Bibliografía crítica y cuerpo de materiales para el estudio de su vida, actuación y polémicas que suscitaron durante cuatro siglos.* Santiago, Chile: Fondo Histórico y Bibliográfico José Toribio Medina, 1954.

Heath, Michael. *Crusading Commonplaces: La Noue, Lucinge and Rhetoric Against the Turks.* Geneva: Librairie Droz, 1986.

Hefferman, Thomas J. *Sacred Biography: Saints and their Biographers in the Middle Ages.* Oxford: Oxford University Press, 1988.

Henige, David. *In Search of Columbus: The Sources for the First Voyage.* Tucson: University of Arizona Press, 1991.

Hernández Sánchez-Barba, Mario. "La historicidad epocal del P. Las Casas (Imagen y contenido del humanismo español)". *En el quinto centenario de Bartolomé de las Casas.* Madrid: Ediciones Cultura Hispánica, 1986. 75-83.

Higuet, Gilbert. *The Classical Tradition: Greek and Roman Influences on Western Literature.* Oxford: Oxford University Press, 1976.

Hobsbawm, Eric W. "The Historian Between the Quest for the Universal and the Quest for Identity". *Diogenes* 168 (1994): 51-64.

Hodgen, Margaret. *Early Anthropology in the Sixteenth and Seventeenth Centuries.* Filadelfia: University of Pennsylvania Press, 1964.

Holstun, James. *A Rational Millennium: Puritan Utopias of Seventeenth-Century England and America.* Oxford: Oxford University Press, 1987.

Horowitz, Maryanne Cline. *Seeds of Virtue and Knowledge.* Princeton: Princeton University Press, 1998.

Howarth, William L. "Some Principles of Autobiography". Olney 84-114.

Hulme, Peter. *Colonial Encounters: Europe and the Native Caribbean.* Londres: Methuen, 1986.

Jameson, Fredric. *The Political Unconscious: Narrative as a Socially Symbolic Act.* Ithaca: Cornell University Press, 1981.

Kadir, Djelal. *Columbus and the Ends of the Earth: Europe's Prophetic Rhetoric as Conquering Ideology.* Berkeley: University of California Press.

Kahn, Victoria. *Machiavellian Rhetoric: From the Counter-Reformation to Milton.* Princeton: Princeton University Press, 1994.

Kansteiner, Wulf. "Hayden White's Critique of History". *History and Theory* 32 (1992): 273-295.

Keen, Benjamin. *Essays in the Intellectual History of Colonial Latin America.* Boulder: Westview Press, 1998.

_____, "Main Currents of United States Writing on Colonial Spanish America. 1884-1984". *Hispanic American Historical Review* 65.4 (1985): 657-82.

Kellner, Hans. *Language and Historical Representation: Getting the Story Crooked.* Madison: Wisconsin University Press, 1989.

Kramer, Lloyd. "Literature, Criticism and the Imagination: The Literary Challenge of Hayden White and Dominick LaCapra". *The New Cultural History Essays.* Ed. Lynn Hunt. Berkeley: University of California Press, 1989. 97-128.

Kristeller, Paul O. *El pensamiento renacentista y sus fuentes.* México, D.F.: Fondo de Cultura Económica, 1982.

_____. "La retórica en la cultura medieval y renacentista". Murphy 11-31.

LaCapra, Dominick. *History and Criticism.* Ithaca: Cornell University Press, 1985.

_____. *Rethinking Intellectual History: Texts, Context and History.* Ithaca: Cornell University Press, 1983.

Lacroix, B. M. "The Notion of History in Early Medieval Historians". *Medieval Studies* X (1948): 219-223.

LeFebvre. Henri. *The Production of Space.* Trad. Donald Nicholson Smith. Oxford: Blackwell, 1991.

Lejeune, Phillipe. *On Autobiography.* Trad. Katherine Leary. Minneapolis: University of Minnesota Press, 1989.

Leslie, Marina. *Renaissance Utopias and the Problem of History.* Ithaca: Cornell University Press, 1998.

Levin, Harry. *The Myth of the Golden Age in the Renaissance.* Londres: Faber and Faber, 1970.

Lohmann Villena, Guillermo. "La restitución por conquistadores y encomenderos: Un aspecto de la incidencia lascasiana en el Perú". *Estudios lascasianos: IV centenario de la muerte de Fray Bartolomé de las Casas.* Sevilla: Universidad de Sevilla, 1966. 21-89.

López Grigera, Luisa. *La retórica en la España del Siglo de Oro.* Salamanca: Ediciones Universidad de Salamanca, 1995.

Lorenz, Chris. "Can Histories be True?: Narrativism, Positivism, and the Metaphorical Turn". *History and Theory* 37.3 (1998): 309-329.

Losada, Ángel. "The Controversy between Sepúlveda and Las Casas in the Junta in Valladolid". Friede y Keen 279-306.

_____. "La huella americana del humanista Francisco Antonio de Guevara". *Actas del segundo congreso sobre los franciscanos en el Nuevo Mundo.* Madrid: Archivo Ibero-Americano, 1988. 807-818.

MacPhail, Eric. "The Plot of History from Antiquity to the Renaissance". *Journal of the History of Ideas* 62.1 (2001): 1-16.

Mailloux, Steven. *Rhetorical Power.* Ithaca: Cornell University Press, 1989.

Maravall, José Antonio. "Utopía y primitivismo en el pensamiento de Las Casas". *Revista de Occidente* 141 (1974): 311-388.

Marcus, George y Michael M. J. Fischer. *Anthropology as a Cultural Critique: An Experimental Moment in the Human Sciences.* Chicago: University of Chicago Press, 1986.

Marin, Louis. *Utopics: Spatial Play.* Trad. Robert A. Vollrath. Atlantic Highlands, NJ: Humanities Press, 1984.

Marín, Tomás. *Memoria de las obras y libros de Hernando Colón.* Madrid: Cátedra de Paleografía y Diplomática, 1970.

Martí, José. "El Padre Las Casas". *El modernismo hispanoamericano: Antología.* Ed. Inés de la Roca. Buenos Aires: Colihue/Hachete, 1979. 89-95.

Martin, Henri-Jean. *The History and Power of Writing.* Trad. Lydia G. Cochrane. Chicago: University of Chicago Press, 1994.

Mason, Peter. "Classical Etnography and its Influence on the European Perception of the Peoples of the New World". Haase y Reinhold 135-171.

Mayer, Thomas F. y D.R. Woolf, eds. *The Rhetorics of Life-Writing in Early Modern Europe.* Ann Arbor: University of Michigan Press, 1995.

McGinn, Bernard. "Symbolism in the Thought of Joachim of Fiore". *Prophecy and Millenarism.* Ed. Ann Williams. Essex: Longman, 1980.

_____. *The Calabrian Abbot: Joachin of Fiore in the History of Western Thought.* Nueva York: 1985.

Mejía, Pero. "Historia imperial y cesárea". *El prólogo en el Renacimiento español.* Ed. Alberto Porqueras Mayo. Madrid: Consejo Superior de Investigaciones Científicas, 1965.

Menéndez Pidal, Ramón. *El padre las Casas: su doble personalidad.* Madrid: Espasa-Calpe, 1963.

Merrim, Stephanie. "The Aprehension of the New in Nature and Culture". *1492/1992: Re/Discovering Colonial Writing.* Eds. René Jara y Nicholas Spadaccini. Minneapolis: Prisma Institute, 1989.

_____. " 'Un mare magno e oculto': Anatomy of Fernández de Oviedo's *Historia general y natural de las Indias*". *Revista de estudios hispánicos* 11, Universidad de Puerto Rico (1984): 101-19.

Mier, Servando Teresa de. Discurso preliminar. Bartolomé de las Casas. *Breve relación de la destrucción de las Indias occidentales.* Filadelfia: Juan F. Hurtel, 1821.

Mignolo, Walter. *The Darker Side of the Renaissance: Literacy, Territoriality and Colonization.* Ann Arbor: University of Michigan Press, 1995.

Milhou, Alain. *Colón y su mentalidad mesiánica en el ambiente franciscanista español.* Valladolid: Seminario Americanista de la Universidad de Valladolid, 1983.

_____. "De la 'destruction' de l'Espagne a la 'destruction' des Indes: Notes sur l'emploi des termes destroyr, destruir, destruymiento, destruicion, destroydor, de la *Primera crónica general* à Las Casas". *Melanges a la memoire d'Andre Joucla-Ruau.* Eds. Jean Chalon, et al. Aix-en-Provence: Univ. de Provence, 1978. 907-19.

Minnis, A. J. *Medieval Theory of Authorship: Scholastic Literary Attitudes in the Later Middle Ages.* Londres: Scolar Press, 1984.

Monfasani, John. "Humanism and Rhetoric". *Renaissance Humanism.* Ed. Albert Rabil. Vol. 3. Filadelfia: University of Pennsylvania Press, 1988. 171-235.

Momigliano Arnaldo. *Essays in Ancient and Modern Historiography.* Middletown, CT: Wesleyan University Press, 1977.

_____. "The Place of Herodotus in the History of Historiography". *Studies in Historiography.* Nueva York: Weidenfeld & Nicholson, 1966. 127-142.

Morales Padrón, Francisco, ed. *Estudios sobre Fray Bartolomé de las Casas.* Sevilla: Universidad de Sevilla, 1974.

Moreno Mengíbar, Andrés. Prológo. *Brevíssima relación de la destruyción de las Indias.* Por Bartolomé de las Casas. Sevilla: Er, Revista de Filosofía; Nápoles: Instituto Italiano per gli Studi Filosofici, 1994. i-x.

Murga, Manuel. "The Triumph of Christianity in the Central Andes: Guilt, Good Conscience and Indian Piety". *The Middle Period in Latin America: Values and Attitudes in the 17th-19th Centuries.* Ed. Mark D. Szuchman. Boulder: Lynne Rienner Publishers, 1989.

Murphy, James. *La retórica en la Edad Media: Historia de la teoría retórica desde San Agustín hasta el Renacimiento.* Trad. Guillermo Hirata Vaquera. México, D.F.: Fondo de Cultura Económica, 1986.

_____, ed. *La elocuencia en el Renacimiento. Estudios sobre la teoría y la práctica de la retórica renacentista.* Madrid: Visor, 1999.

_____. "Mil autores olvidados. Panorama e importancia de la retórica en el Renacimiento". Murphy 33-51.

Muro Orejón, Antonio, Florentino Pérez-Embid y Francisco Morales Padrón, ed. *Pleitos colombinos.* Sevilla: Universidad de Sevilla, 1964.

Myers, Kathleen. "History, Truth and Dialogue: Fernández de Oviedo's *Historia General y Natural*". *Hispania* 73.3 (1990): 616-625.

Nadel, Ira. *Biography: Fiction, Fact and Form.* Nueva York: St. Martin's Press, 1984.

O'Gorman, Edmundo. *La invención de América.* México, D.F.: Fondo de Cultura Económica, 1958.

_____. Estudio preliminar. Casas, *Apologética historia sumaria* xv-lxxix.

Olney, James. *Autobiography: Essays Theoretical and Critical.* Princeton: Princeton University Press, 1980.

_____. *Metaphors of the Self: The Meaning of Autobiography.* Princeton: Princeton University Press, 1972.

Ortíz, Fernando. "La 'leyenda negra' contra Fray Bartolomé". *Cuadernos americanos* 33 (1952): 146-184.

Pagden, Anthony. *European Encounters with the New World.* New Haven: Yale University Press, 1993.

_____. *The Fall of the Natural Man: The American Indian and the Origins of Comparative Ethnology.* Cambridge: Cambridge University Press, 1982.

_____, ed. *The Languages of Political Theory in Early Modern Europe*. Cambridge: Cambridge University Press, 1987.

Pastor, Beatriz. *Discursos narrativos de la conquista: mitificación y emergencia*. Hanover: Ediciones Norte, 1988.

_____. "Utopía y conquista: dinámica utópica e identidad colonial". *Revista de crítica literaria latinoamericana* 38 (1993): 105-113.

Pennington, Kenneth J., Jr. "Bartolomé de las Casas and the Tradition of Medieval Law". *Church History* 39.2 (1970): 149-161.

Pérez Fernández, Isacio. *Cronología documentada de los viajes, estancias y actuaciones de Fray Bartolomé de las Casas*. Bayamón, PR: Universidad Central de Bayamón, 1984.

_____. *Fray Bartolomé de las Casas*. Caleruga, España: Editorial OPE, 1984.

_____. *Fray Bartolomé de las Casas, O.P.: de defensor de los indios a defensor de los negros*. Monumenta Histórica Iberoamericana de la Orden de los Predicadores 8. Salamanca: Editorial San Esteban, 1995.

_____. *Fray Toribio Motolinía, O.F.M., frente a Bartolomé de las Casas, O.P.* Salamanca: Editorial San Esteban, 1989.

_____. *Inventario documentado de los escritos de Fray Bartolomé de las Casas*. Bayamón, PR: Universidad Central de Bayamón, 1981.

Phelan, John L. "El imperio cristiano de Las Casas". *Revista de Occidente* 141 (1974): 293-310.

Pocock, J. G. A. "Texts as Events: Reflections on the History of Political Thought". *Politics of Discourse*. Ed. Kevin Sharpe y Steven N. Zwiker. Berkeley: University of California Press, 1987. 21-34.

Porqueras Mayo, Alberto. *El prólogo en el Renacimiento español*. Madrid: Consejo Superior de Investigaciones Científicas, 1965.

Queraltó Moreno, Ramón Jesús. *El pensamiento filosófico-político de Bartolomé de las Casas*. Sevilla: Universidad de Sevilla, 1976.

Quintana, Manuel José. *Bartolomé de las Casas*. Buenos Aires: Poseidón, 1943.

Rabasa, José. *Inventing America: Spanish Historiography and the Formation of Eurocentrism*. Norman: University of Oklahoma Press, 1993.

Randles, W. G. L. "Classical Geography and the Discovery of America". Haase y Reinhold 5-75.

Ramos, Demetrio. "La conversión de Las Casas en Cuba: el clérigo y Diego Velásquez". Morales Padrón 247-257.

Reeves, Marjorie. *The Influence of Prophecy in the Later Middle Ages: A Study in Joachinism*. Oxford: Clarendon Press, 1969.

Remesal, Antonio de. *Historia General de las Indias Occidentales*. Ed. Carmelo Sáenz de Santa María. Biblioteca de Autores Españoles, vols. 175, 189. Madrid: Atlas, 1966.

Reynolds, Beatrice. "Shifting Currents in Historical Criticism". *Journal of the History of Ideas* XIV (1953): 471-92.

Rico Verdú, José. *La retórica española en los siglos XVI y XVI*. Madrid: Consejo Superior de Investigaciones Científicas, 1973.

Robe, Stanley. "Wild Men and Spain's Brave New World". *The Wild Man Within*. Eds. Edward Dudley y Maximillian Novak. Pittsburg: University of Pittsburg Press, 1972.

Rodríguez-Pantoja, Miguel. "Traductores y traducciones". *Los humanistas españoles y el humanismo europeo*. Murcia: Universidad de Murcia, 1990.

Romero, José Luis. "Sobre la biografía española del siglo XV y los ideales de vida". *Cuadernos de historia de España* 1 (1944): 115-138.

Romm, James. "New World and "Novos Orbes": Seneca in the Renaissance Debate over Ancient Knowledge of the Americas". Haase y Reinhold 77-116.

Roth, Paul. "Hayden White's and the Aesthetic of History". *History of the Human Sciences* 5 (1992): 17-35.

Rowe, John H. "Ethnography and Ethnology in the Sixteenth Century". *The Kroeber Anthropological Society Papers* 30 (1964): 1-19.

Rozé, María Agustín, O.P. *Los dominicos en América*. Lima: Antisuyo, 1997.

Ryan, Michael T. "Assimilating New Worlds". *Comparative Studies in Society and History* 23 (1981): 519-538.

Sáenz de Santa María, Carmelo. "Una claúsula desconocida del testamento de Fray Bartolomé de las Casas". Morales Padrón 97-122.

Said, Edward. *Culture and Imperialism*. Nueva York: Knopf, 1993.

Saint-Lu, André. *La Vera Paz*. Paris: Centre de Recherches Hispaniques, 1968.

Salmon, J. H. M. "Cicero and Tacitus in Sixteenth Century France". *The American Historical Review* 85.2 (1980): 307-331.

Sánchez Alonso, Benito. *Historia de la historiografía española: ensayo de un examen de conjunto*. Madrid: Consejo Superior de Investigaciones Científicas, 1947.

Seed, Patricia. *Ceremonies of Possession in Europe's Conquest of the New World, 1492-1640*. Cambridge: Cambridge University Press, 1995.

Seigel, Jerrold. *Rhetoric and Philosophy in Renaissance Humanism*. Princeton: Princeton University Press, 1968.

Sepúlveda, Juan Ginés. *Apología de Juan Ginés de Sepúlveda contra Fray Bartolomé de las Casas*. Ed. y trad. Ángel Losada. Madrid: Nacional, 1975.

_____. *Democrates secundus*. Madrid: Instituto Francisco de Vitoria, 1984.

Shuger, Debora. *Sacred Rhetoric: The Christian Grand Style in the English Renaissance*. Princeton: Princeton University Press, 1988.

Skinner, Quentin. "Sir Thomas More's *Utopia* and the Language of Renaissance Humanism". *The Languages of Political Theory in Early Modern Europe*. Ed. Anthony Pagden. Cambridge: Cambridge University Press, 1987.

Smalley, Beryl. *Historians in the Middle Ages*. Londres: Thames and Hudson, 1974.

Sonnino, Lee A. *A Handbook to Sixteenth-Century Rhetoric*. Nueva York: Barnes and Noble, 1968.

Spadaccini, Nicholas y Jenaro Talens. "The Construction of the Self: Notes on Autobiography in Early Modern Spain". *Autobiography in Early Modern Spain*. Minneapolis: The Prisma Institute, 1988. 9-40.

Spender, Stephen. "Confessions and Autobiography". *Autobiography: Essays Theoretical and Critical*. Olney 115-22.

Spiegel, Gabrielle. *Romancing the Past: The Rise of Vernacular Prose Historiography in Thirteenth-Century France*. Berkeley: University of California Press, 1993.

Spivak, Gayatri. "Can the Subaltern Speak?". *Marxism and the Interpretation of Culture*. Eds. Cary Nelson y Lawrence Grossberg. Urbana: University of Illinois Press, 1988. 271-313.

Steedman, Carolyn. "Culture, Cultural Studies and the Historians". *The Cultural Studies Reader*. Ed. Simon During. 2da ed. Londres: Routledge, 1999.

Struever, Nancy. *The Language of History in the Renaissance: Rhetorical and Historical Consciousness in Florentine Humanism*. Princeton: Princeton University Press, 1970.

Tayler, Edward William. *Nature and Art in Renaissance Literature*. Nueva York: Columbia University Press, 1964. 72-101.

Todorov, Tzvetan. *La conquista de América*. México, D.F.: Siglo XXI, 1987.

Tooley, Marian J. "Bodin and the Medieval Theory of Climate". *Speculum* 28.1 (1953): 64-83.

Varela, Consuelo. Introducción. *Cristóbal Colón: Textos y documentos completos*. Madrid: Alianza, 1989.

Veeser, Aram H., ed. *The New Historicism*. Londres: Routledge, 1989.

Vitz, Evelyn Birge. "From the Oral to the Written in Medieval and Renaissance Saint's Lives". *Images of Sainthood in Medieval Europe*. Eds. Renate Blumenfeld-Kosinski y Timea Szell. Ithaca: Cornell University Press.

Vives, Juan Luis. "De concordia y discordia del género humano". *Obras completas*. Vol. II. Madrid: Aguilar, 1947.

Vitoria, Francisco de. *Relecciones del estado, de los indios, y del derecho de la guerra*. México, D.F.: Porrúa, 1974.

Wagner, Henry R. y Helen Rand Parish. *The Life and Writings of Bartolomé de las Casas*. Albuquerque: University of New Mexico Press, 1967.

Ware, B. y Will Linkugel. "They Spoke in Defense of Themselves: On Generic Criticism of Apologia". *Quaterly Journal of Speech* 59 (1973): 273-83.

Weckmann, Louis. "The Middle Ages in the Conquest of America". *History of Latin American Civilization*. Ed. Lewis Hanke. Boston: Little, Brown and Co., 1967. 10-22.

Weimann, Robert. *Authority and Representation in Early Modern Discourse*. Baltimore: Johns Hopkins University Press, 1996.

Weintraub, Karl J. "Autobiografía y conciencia histórica". *Suplementos Anthropos* 29 (1991): 18-33.

West, Delno C. y Sandra Zimwars-Swartz. *Joachim of Fiore: A Study in Spiritual Perception and History*. Bloomington: Indiana University Press, 1983.

West, Geoffrey. "Style as Propaganda: The Use of Language in Three Twelfth-Century Hispano-Latin Historical Texts". *Dispositio* 10.27 (1985): 1-13.

White, Hayden. *Metahistory*. Baltimore: Johns Hopkins University Press, 1973.

_____. "Figuring the Nature of the Times Deceased: Literary Theory and History". *The Future of Literary Theory*. Ed. Ralph Cohen. Londres: Routledge, 1989.

_____. "Rhetoric and History". *Theories of History: Papers Read at a Clark Library Seminar*. Los Angeles: Williams Andrew Clark Memorial Library, 1978.

_____. *The Content of the Form*. Baltimore: Johns Hopkins University Press, 1986.

_____. *Tropics of Discourse: Essays in Cultural Criticism*. Baltimore: Johns Hopkins University Press, 1978.

Whittemore, Reed. *Pure Lives: The Early Biographers*. Baltimore: Johns Hopkins University Press, 1988.

Wisse, Jakob. *Ethos and Pathos: From Aristotle to Cicero*. Ámsterdam: Adolph M. Hakkert, 1989.

Yañez-Barnuevo, Luis, ed. *En el quinto centenario de Bartolomé de las Casas*. Madrid: Cultura Hispánica, Instituto de Cooperación Iberoamericana, 1986.

Young, Robert. *White Mythologies: Writing History and the West*. Londres: Routledge, 1990.

Yundaráin, Domingo. *Humanismo y Renacimiento en España*. Madrid: Cátedra, 1994.

Zamora, Margarita. *Reading Columbus*. Berkeley: University of California Press, 1993.

Zavala, Silvio. "The American Utopia of the Sixteenth Century". *The Huntington Library Quarterly* 4 (1947): 537-547.

_____. *La utopía de Tomás Moro en la Nueva España*. México, D.F.: Porrúa, 1965.

Zimmerman, T. Price. "Confession and Autobiography in the Early Renaissance". *Renaissance Studies in Honor of Hans Baron*. Eds. Anthony Molho y John Tedesh. Dekalb: Northern Illinois University Press, 1971. 121-139.

_____. "Paolo Giovio and the Rhetoric of Individuality". Mayer y Woolf 39-62.

Zumthor, Paul. "Autobiography in the Middle Ages". *Genre* 6 (1973): 29-48.

_____. *La letra y la voz de la literatura medieval*. Trad. Julián Presa. Madrid: Cátedra, 1989.

ÍNDICE